HEART

心|視野

HEART

心|視野

擁抱年齡焦慮

不安，其實是推動自己成長的力量

이제 나를 안아줘야 할 시간

韓星姬———— **著**　徐小為 ———— **譯**

目錄

前言　每當人生劇烈震盪的時候，穩穩守護著我的是……　007

第1章——現在我來到了哪裡　013

某天突然覺得人生茫然起來　014
替自己準備一個可以跳脫現實的私人空間　021
不是我的門，就絕對不會打開　030
無論同舟共濟或獨自一人，沒有不需要熱烈煩惱的人生　039
無需比較，用自己的步調向前邁進　048
關於每天變好一點點　053

第2章 —— 有意義的成長總是在動搖時到來 061

在人生的中間點，任何人都會迎來混亂期 062
改變觀點，人生就會變得更有意義 069
嘗遍人生酸甜苦辣，才能長成大人 077
世界本就不會照你期盼的順序給予 084
當你用更廣闊的視角看向自己 092
現在，試著找到外在和內在的平衡 101

第3章 —— 今天的我也正在變得更好 109

透過休息好好款待自己 110
變得普通，可不是件簡單的事 119

目錄

能跟自己獨處，才能和別人一起快樂 126
替人生加入樂觀的方法 131
興味盎然的人生需要體力的支持 138
種下一顆讓自己重新奔跑的種子 145

第4章 —— 把你自己放在所有關係的中心 155

不是最重要的，就斷然捨去吧 156
沒有愛恨交錯，就不是真正的關係 164
仔細檢視自己的心，才不會任由關係擺布 172
夫妻是得花一輩子完成的關係 179

能真正理解父母人生的時候，才能成長為大人 187
男人變成父親的意義 195

第5章 —— 該是好好擁抱自己的時候了 203

無力是在提醒你要移動到新的人生階段 204
別讓對方隨意對待自己 212
「暴躁」一次可能會讓你失去一切 220
沒有一種情感比不安更能推動自己 227
是時候別再依附那虛假的自尊心了 236
大人的成長是要求得來的 243

前言
每當人生劇烈震盪的時候，穩穩守護著我的是……

我在過去兩年，離開韓國到美國進修精神分析課程。現在即將要回國，已經把出發前的茫然不安拋在腦後，心情上可說是輕鬆了許多。

離鄉背井的生活不容易，到了晚年才繼續進修讀書，果然不是輕鬆就能應付的。一開始告訴朋友我決定要去留學，他們不約而同地用無法理解的擔憂眼神看我：「不是啊，妳都這把年紀了幹嘛還去讀書？到了這個年紀，不是應該要出去旅行，到處玩玩嗎？」

我也不是完全不懂周圍的人說這些話的意思，我的女兒在五年前結婚，照理說我現在該是抱孫子的年紀了，所以他們有這種反應其實再正常不過。

不斷重複的日常生活，讓人感到舒適和安穩。我們總希望今天、明天都可以重複一樣的日常，不要發生任何事情。不過，雖然期盼著可以維持現在的安穩生活，但對變化的渴求總是在某個地方蠢蠢欲動。

那是無論小孩或老人，只要是人類都擁有的潛在屬性。這種渴望是與貪婪不同的慾望，是一種能讓自己往更好的方向成長，生命的力量。

我們每一個人，皆是直到死為止都持續成長的存在。我也想藉由年輕時的經驗，給自己一個成長的機會，這正是我會在別人都說太遲了的時候，踏上留學之路的原因。

到了人生的中間，不安和茫然阻擋了前進的腳步

人生途中，我們會遇到改變人生方向的轉捩點。感覺好像有某個人推著我，說以前的衣服已經不合身，該是換身新衣服的時候了。雖然經歷大大小小幾個轉捩點，

但我覺得成為大人之後最讓我震撼的轉捩點，大概是在四十幾歲的時候。

那是說不上年輕，也還不算老的年紀。超過三十歲中段之後，我隱約感覺到人們對時間的概念會漸漸變得不太一樣。年輕的時候，感覺好像擁有無限的時間，未來總是充滿可能性。雖然這段無限的時間讓年輕的我感到不安、徬徨，但同樣也安心地以為還有充足的時間可以實現夢想，讓我得以不失去希望。

只不過光顧看著前方奔跑了好一陣子，不知不覺到了人生的中間點，才發現剩下的時間和機會已經沒有那麼多了。即使想展開新的夢想，卻對已經消磨了太多的人生感到不安，只感覺到一陣好像無法再往前邁進的茫然若失。

「我現在有在好好生活嗎」、「別人都過得好好的，為什麼只有我這麼累呢」、「到了這個地步，還有可能再開始作些什麼嗎」，我在這些真切的疑問中，經歷了一場巨大的混亂。

然而，不需要用負面的態度看待這個時期。因為這是轉換期來臨的信號，也是你內心的聲音在呼喚你踏入下一個新的人生階段。

對於和熟悉的事物道別，你勢必會感到不安，也會害怕未知的變化，所以這時候的混亂會以空虛、憂鬱、無力等形式到來。

但就像要先有破壞，才能再創造；先解體，才能重新統合一樣，我們也必須經歷這樣的過程，才能往稍微成長邁進。因此不需要在這個混亂期徬徨地停下腳步，而是要試著想一想，該怎麼做才能好好度過這個階段。

從愛自己開始，才能迎來真正的成長

我想透過這本書，告訴那些跟我一樣在三、四十歲面臨混亂期的年輕人們，在這個時期應該試試看的念頭、具體的行動，還有該如何去尋找能帶領自己前往人生後半的新成長動力。

我曾在三十歲後半時，艱辛地前往美國研修，在那裡為了未來的前途陷入深深的煩惱。一方面想要嘗試新的職場、新的身分，另一方面卻想安於現況，兩種心情糾結萬分。也曾誤以為在未來人生中被允許的時間和機會所剩不多，這樣的錯覺使我痛苦不已。

當時間過去我才知道，那時的混亂造就了現在的自己。身處混亂之中時，只能感受到隧道好像永無止盡地一直延伸下去的恐懼。一旦開始孤軍奮鬥，不知不覺就會發現已經通過那段長長的黑暗，然後便可以用和從前截然不同的嶄新視角，用更加成熟的心情去看待自己和這個世界。

我們就是這樣度過人生中疲憊的區間，變成更好的人。在這個過程中，只要不失去每天都要成長一點點的心情，還有可以自我擁抱的健全的自戀心，那麼不管在什麼時候、遇到什麼困難，都可以成功克服。

想要走到這裡，就必須知道現在自己來到了哪裡、想作什麼、想達成什麼，每個瞬間都必須能夠捫心自問才行。

很多人拚命努力成為別人眼中耀眼的星星，卻忽略了自己內在正在茁壯的東西。現在就對拚命往前奔跑，來不及好好照顧的自己說一聲：「你辛苦了。走到這裡真的已經作得很好了。」

別再督促或責備明明想做得更好，卻只有這點能耐的自己。相對地，應該要給作了這麼多的自己，一段好好擁抱自我的時間。等到那個時候，曾經以為自己好像沒有完成什麼的內心空虛感，還有不曉得未來該何去何從的茫然感，都不會再讓你感到痛苦。

這時，你才能了解「自己」這個存在有多麼珍貴，才能抱持希望，相信自己會成長為更好的人。

第1章
現在我來到了哪裡

某天突然覺得人生茫然起來

最近在大韓民國，三、四十歲人們的心理狀態就是「無力」。雖然大家表面上看起來忙得連眨眼的時間都沒有，被責任和義務壓得只想逃避現實，但他們真正的問題，其實在於心中迎向未來的目標和志向消失了。

二十幾歲時為了接近理想中的未來，一心滿懷希望地向前奔跑，然而進入三十歲後半之後，第一次跟自己的成果面對面，如今只能從夢裡走出來面對現實，到了不得不接受夢和現實之間差異的時候。人們必須放下過去這段時間懷抱的自我理想，面臨必須「脫離幻想」的時刻。

這種時候，無力總會伴隨著不安一同到來。某天突然發現自己的人生已經前往和想像中不同的方向，於是必須修正軌道的迫切感油然而生。對於未來可以選擇的路所剩不多感到焦躁，渴望轉變的心情也變得更加急切。然而新的目標和志向仍曖昧不明，想要找到轉方向的動力並不容易。

在四十歲左右找上我們的無力感，是一種在成長過程警告危機出現的訊號。

雖然為了得到認同，一直奔跑到現在……

英旭是一個典型的工作狂，他靠著與生俱來的勤奮和親和力，才進公司不久就迅速升遷。集老闆的寵愛於一身，從大清早就開始瘋狂工作到晚上的他，有一天突然感到心臟不太對勁，於是去了醫院。

才四十歲，就已經胖得有高血脂、高血壓和動脈硬化等症狀，而近來出現的心臟問題，其實是恐慌症所導致，據說他已經被失眠和強迫症給搞得心力交瘁。沒有認清自己的能力，顯然他的身體已經超出負荷。

對英旭來說，公司就是可以證明自己用處的地方，是可以在鬥爭中獲勝的戰場。他對於要如何把「自己」這個商品發揮到極限，盡量拉高效益而感到喜悅。對他來說，工作就是得到認同和評價的手段，如果無法在工作上獲得認同，就會感到自我崩毀。

他是個只思考關於工作的事，只能透過工作提升視野，並透過工作認可自我存在的上班族，也就是人們口中的「工作狂」。

由於身體就這麼出了狀況，他因此得到了三個月的病假。在這段休養期間，他進而開始看見以前看不見的新事物。

英旭笑著說：「如果說以前是為了被認同而拚命工作，現在則是為了變得更幸福而工作。」他還說：「我想要變成懂得享受工作，比起提升自己，更懂得提升整個組織，能夠走得更長遠的人。」

名片一消失，我也消失了

省略過程，一味望著目標往前跑的人，大部分都會用名片來評斷自己。如果需要讓別人確認自己的存在，沒有什麼比名片更方便了。對這些人而言，一旦名片消失就好像自我也消失了一樣，光想就覺得是件可怕至極的事。

「我這個人」的本質就是「社會地位」的同義詞，被拿去和組織的本質混為一談。因此從公司離職的那一刻，「我」就消失了。

這時所感覺到的被剝奪感，會超乎想像地強烈。直到此時才會深切感受到，過去圍繞在自己身邊的人們，原來不是因為「我」，而是因為「我的位置」才聚集過來的。因此越是成功的人，退休之後罹患憂鬱症的機率就越高。

你全心全意投入達到的社會成就，只是個人本質的其中一部分而已。可以定義一個人本質的東西，是由各式各樣的概念所組成，並非只有一種。

「我」是一個女性（男性），是某人的父母，也是某人的子女，同時也是某個人的朋友，名片只是其中一個項目而已。然而人們總是無法認清這個事實，繼續過著被名片標籤化的人生，最終導致變得不幸。

你必須明白，名片這種東西，是一種隨時都可能消失的變動因子。我們應該要在社會地位之外，找到可以享受自負心和存在感的緩衝地帶。也就是說，要找到一個「第三空間」，擺放除了身為上班族的「我」以外，定義自己的各種本質。

跟人生中的小確幸同行

我們有權利生活在樂趣之中，可是不知道從什麼時候開始，身為大人的我們一點也不幸福快樂。

另一方面，孩子們不管做什麼都很開心。一點小事就能引得他們咯咯發笑，沒人讓他們玩也會自己打鬧起來。

記得有一次在報紙上看到，美國紐約開設了世界第一間成人幼稚園「Preschool

Mastermind」，只有超過二十一歲的成人才能入學。幼稚園裡可以玩遊戲、冒險，還有專為找尋悸動的大人們準備的課程。他們會玩黏土、著色遊戲，吃點心之後會睡午覺，一個月還會出門郊遊一次。

因為人們常常在長大成人以後就忘記了，其實人類本來就擁有想忘記嚴酷現實，追求樂趣的慾望。

說到韓國的學生、上班族都生活在水深火熱之中，亨泰也是其中的一員，他到現在都很後悔自己從小開始就表現得太過成熟這件事。要是可以活得任性一點，耍耍性子該有多好呢？

他說，老了以後想要當個快樂又有趣的老人，至少要找到小時候沒享受到的快樂和純真。從他的話中讓人感受到他的決心。

朝一個目標不停奔跑是件嚴肅的事，會讓人生變得沉重。一旦變得沉重的話，就很難保有創造力，也會無法感到快樂。這就是為什麼即使要向前奔跑，也不該只看著前方巨大的目標，而應該和小小的快樂一起同行的理由。

就像解決問題的成長和成果是屬於自己的一樣，要記得快樂和自在也是屬於你的，如此一來，才能一點一滴恢復「生活在樂趣之中的權利」。

替自己準備一個可以跳脫現實的私人空間

「我很害怕自己什麼都作不了，我可不是為了當無名企業的員工度過一生才被生下來的……」陷入深深無力的民哲，帶著接近灰階的淡薄存在感和疑問來找我。

他雖然畢業於不錯的大學，在穩健的中小企業一直晉升到處長，但他還是疑惑自己要在這個地方待到什麼時候，抱怨了好一陣子才離去。

看著被壓力和不安壓垮的他，我的腦海中忽然浮現了「興趣」這個字。為什麼不找一個和工作一樣，可以深深投入的興趣呢？

因為沒辦法拋下經營已久的職涯突然轉換跑道，也沒辦法立刻開始準備司法考試。然而，實際去尋找能增加存在感的方法，我想會比繼續無力地按兵不動要來得有效多了。

所以那些擁有等同於第二職涯（JOB）等級興趣的人，我想大力讚美他們是非常進步的人。

具體化之後就會產生動力

「最好的沉思就是留意生活，想哭就哭，想笑就笑。」這是中國心理學家李子勛在《煩惱過剩》一書中提到的思考方式。

他把反覆思考自己現在認為最重要的「一件事」的舉動，定義為「沉思」。我想在此補充，這是為了養成沉思的習慣，把抽象還原成具象的一種作業。

人的心理是抽象的，會對肉眼看不見的事物或價值產生怠惰。不然明明到處都是刺激末梢神經的遊戲，為什麼還要玩那種拚命仔細看才看得懂意思的遊戲呢？

如果可以把「沉思」量化，不僅更容易有所感受，也可以增強實踐的意志力。比方說讀三頁書、一天走一公里、一天散步十分鐘、吵架的時候沉默五分鐘等等。

如果讀書的時候只專注於書的內容，散步的時候只專注在步伐上，就叫作「沉思」的話，那麼加上單位讓它成為更具體的系統，就是將「沉思」量化。雖然這感覺好像不算什麼，但整整一個星期，一天不少地實踐之後，就會發現生命的品質變得截然不同。

為了把人生過得更有趣，就要有更多「可以獨自進行的有趣事物」。最重要的是，在人生的每個角落，都要準備好作為消遣的事物。

若你不想再對工作和人際關係那麼敏感

用「十二年愛書人」介紹自己的美善，是一個專職家庭主婦。

有一天，她送給自己一個書櫃。因為她時不時就買書，家裡幾乎快要沒有放書的地方了，於是便瞞著家裡人偷偷買了書櫃。

剛開始的頭兩年，她只讀簡單的書，等到她開始有了喜歡的領域，便接二連三地持續閱讀，最後一頭栽進了書本的世界。她說，在那段閱讀時光裡，人生的滋味也自然而然變得深邃起來。

第一個發現她變化的人，自然是她的家人了。不知道從什麼時候開始，只要美善在看書，家人就不會呼喚她。雖然一開始試著叫了幾次媽媽，不過看到沉浸在書裡的美善根本沒聽見，家人們也開始學會尊重媽媽的時間了。即使沒有大聲疾呼身為一個媽媽、妻子所需要的尊重，家人們也自動自發地改變了。

美善說：「人家都說女人的命運就是為了老公和小孩，把自己擺在後面，但我不知道原來為自己作些什麼，可以讓人感到這麼充實。」

像美善一樣擁有興趣，漸漸開始塑造自己的領域之後，與人之間的關係也會變得自在起來。不同於從前總是在看時間等老公和小孩回家，現在的她因為沉浸在興趣中，嘮叨也減少為從前的一半，彼此之間漸漸培養出健康的距離。

最重要的是，所謂興趣就是你能以自己為中心，完全掌控的少數領域之一。不管是工作還是人際關係，都無法以單一的力量完成些什麼，其中一定會有變數，或是被不曾預想過的雜音打亂計畫，也是常有的事。

然而興趣是對自己的投資，即使沒有人知道自己享受的東西，也會帶來幸福的滋味。比方說，運動時邊汗流浹背，邊感受到的成就感；練舞時舞步全都準確對上拍子時的滿足，這些都不會輸給在奧運中得到金牌的選手。

像這樣試著享受幸福的時光，就會變得不那麼在意工作或人際帶來的壓力。「因為我要幸福，所以那件事就PASS吧。」你就能變得如此泰然。而那些看到你變化的人們，則會對你抱持深深的好感。

怎麼樣？一個興趣就可以帶來這樣的正面循環。興趣就是這樣替人生製造緩衝空間，不僅在人際關係中，也在你的整個人生中準備了讓你喘息的空間。

每天十五分鐘，像存錢一樣投入興趣吧

我們不可能每天都活在主幹之中，這裡的主幹指的是什麼呢？

法律人的話就是每天要忙於官司，商人是每天要一直賣東西，醫生則是要每天面對各種病人，這就是他們的主幹。不過怎麼可能從不休息，一直這樣生活下去呢。

興趣可以讓人暫時忘記現實的自己，將你帶去一個過渡空間（Transitional Space）。過渡空間是連結現實和幻想的假想空間，在這個空間裡，我們可以放飛自己在現實中飽經風霜的心靈，遇見人類原有的純潔，進而得到快樂。創意、藝術、文學等都是在過渡空間發生的事。

能夠好好利用這個空間的人，就能作為一個「享有私人的人」，感到加倍地快樂。並不是非得坐上飛機，飛到什麼地方度假才算休息。只要能暫時逃離現實，把自己放進一個專屬自己的私密空間就好，即便是一個多麼平價的逃離日常方法，但我認為這才是具有真正意義的休息。

更何況，興趣還能具備學習的價值。舉例來說，我在一個偶然的機會下學了大提琴，到現在都還在慢慢琢磨，在我投入一個一個的音階，拉出巧妙琴音的過程中，常常得到許多書中讀不到的智慧。一味想拉出聲音而胡亂用力的時候，拉出來的聲音就很糟糕，只要順著自然的節奏去拉，就會發出美妙的音色。

有過幾次經驗，我便明白必須捨棄「用力」的習慣。只要人為介入，事情總是會搞砸，但我活了這麼久，卻好像從來都沒有明白過這點。值得感謝的是，我終於透過大提琴明白了。

不管是日常生活，還是投入休閒活動，我們硬是太過用力的話，就會發生意外。要養成放鬆的習慣，才可以嘗試各種事物，也才能有耐心等待這件事物變得屬於自己。

有一次，一個女生朋友跟我說她想把學油畫當成興趣，結果她買了各種油畫工具後，還不到一個月就放棄了。她不好意思地問我：「如果不想要三天捕魚兩天曬網，該怎麼辦？」

我跟她說，不要讓休閒生活占掉太多比重，也就是要試著放鬆一點力氣。如果不是一次用太多力了，她也不會一次買齊所有的油畫工具。不管什麼事情，如果一開始太刻意的話，就會被那種刻意擊倒。如此一來別說享受了，反而會讓這件事變成一種壓力，最終沒辦法持續太久，只得放棄。

把策略改成一天十五分鐘，每天不間斷地持續進行吧。十五分鐘可以練熟八小節的大提琴，或是讀四頁書左右，至少也足夠好好地畫完一條線，只要是在我們人生中足以意識到休閒娛樂的時間就可以了。

「Slow and steady wins the race.」這句話的意思，跟「欲速則不達」很像。我想在這句話裡指出的重點，不是「慢慢地」（Slow）而是「穩定地」（Seady）。就用這個「Steady and slow」的策略，讓興趣成為生活中的一部分吧。

如果一天十五分鐘很困難，也可以改成每兩天十五分鐘，甚至一個禮拜十五分鐘也不錯。最重要的是，要在和人生中密不可分的某個角落中享有「熱愛的興趣」。

現在這個世代的人們，是第一個可以製造出各種身份定義自己的世代。以前的人只能為家人犧牲自己，過著如果沒了名片，就沒辦法再為自己做些什麼的人生，但是現在的年輕人不應該再這樣下去。

我們應該要用愉快的心，發掘出可以做一輩子的「興趣」；找到自己喜歡，而且能在日常生活中反覆進行，感受到快樂的事。擁有這樣的興趣，可以透過它確認自己的喜悅與存在感的人，就可以過得很幸福，這些興趣便成了我們一輩子的朋友。

朝一個目標不停奔跑是件嚴肅的事，會讓人生變得沉重。一旦變得沉重的話，就很難保有創造力，也會無法感到快樂。這就是為什麼即使要向前奔跑，也不該只看著前方巨大的目標，而應該和小小的快樂一起同行的理由。

不是我的門，就絕對不會打開

大部分的人一提到頂點，就只會想到「最尖端的頂上」，但真正意義上的頂點，應該要再加上「在自己想要的領域裡」這個條件。

假如真的是在自己想要的領域步上頂點，就算過了人生的全盛期，也必定會是一個幸福的人。

幾年前，一位在江南頗有名望的資產家曾來找我。這位七十歲的老紳士擁有人人欣羨的財富和人品，但當事人卻搖著手連連否認。

「我從來沒有過過自己想要的人生。想要的東西沒有來，沒想過的事情卻接二連三地來了，投入進去之後，不知不覺就變成老人了。這大概就是我的命吧。」老紳士為自己七十年的人生下了這樣一個結論。據說他原本想當一個神父，以宗教人的身份度過人生，卻因為家人反對而放棄了這條路，在那之前也曾經歷過一段長長的心靈創傷。

老紳士在最後的對談中，留下了一段字字珠玉的話：「不管年紀長到幾歲，不是我的門，就絕對不會打開。相對地，那些不用拚命努力也會來的東西，就會輕易地來臨。我想，這大概就是生命碩大的規則吧。」我認為，那些為不安和憂鬱症所苦的人，有必要好好品味一下這段話。

憂鬱總是伴隨著失落，不安總是伴隨著恐懼而來。想要小孩卻不孕的夫妻、錯失升遷機會的上班族、沒抽中預售屋的夫妻，他們都和無法度過宗教人生的老紳士沒什麼兩樣，都曾經體會過相似的憂鬱及不安。

也有放棄之後，才能守護的人生

一般來說，人們在四十歲前會被認為是為了外在成長必須孤軍奮鬥的時期，所以大概聽不進這位老紳士的話。但我們還是應該仔細品味一番，因為唯有如此才能認真生活，不變得愚昧。

不管是靠自己的實力成功，還是搶走別人成果而成功，甚至是善於權謀最後攀上高位的人，他們最終到達的頂點都跟過程沒有關係，只是包含了最後的界限而已。我的頭上有著天頂，而在頭頂碰到這個界限之前，唯有先弄清自己的極限，才能讓過程不那麼痛。

「認真生活，不變得愚昧。」這句話裡有兩個意思，第一是不要為了得到想要的東西，總是使用不道德的方法。第二則是像老紳士說的，「不要在人生沒為你開的門前站得太久」。

就像損失不見得是損失一樣，放棄也不全然是件不好的事。反而也有經歷損失、放棄之後，才能守護好的人生。每個人的人生中，都有一兩件不小心錯過，沒有被選擇的東西。這些東西並非完全消失了，反而因為沒有選擇它們、讓它流逝了，我們的人生才得以守住現在的樣子。

韓國通用汽車向承包商員工提出提議付八千萬韓圓就能成為正式職員，當賣職弊案爆發後，曾在韓國入口網站上造成一陣騷動。據說這種買賣持續了十年以上，表示一定有人曾經接受過這樣的條件。我搜尋了新聞，發現那些人受到了懲罰。從結果上來看，那些拒絕賣職條件的人，就是因為沒有選擇變成正職，才得以避免人生出現污點。

說不定我們的人生不是被選擇影響，反而那些沒有被選擇的，才真正劇烈地影響著人生。只是因為我們沒有看見，所以不知道而已。

狀態放鬆的時候，進度才能超前

很多人無法得到自己想要的東西，而我也是那其中之一。

小時候想成為音樂家，但現實則是連一點邊都沾不上。雖然我想要的人生沒有到來，可是我連想都沒想過的事情卻發生了，其中最棒的，大概就是能夠出版自己的書了。

我的上一本著作《為什麼，你的人生填滿別人的待辦清單？》意外受到許多人喜愛，這本書其實花了兩年以上的時間才出版。雖然一開始是想要寫關係的心理學，我卻沒能專注在這個主題上面。

寫書這件事讓我壓力很大，尤其是不特定多數人會讀到我的書，這點讓我非常緊張。剛好我的女兒在準備結婚，忙得昏頭轉向，讓我對交稿時間也毫無想法。那時根本沒想到，這件事會成為我轉換寫作方向的契機。

「醫師，文章內容太沉重了。」

「可能是因為我心情很沉重吧，我的女兒要結婚搬去美國了。」

「那要換成這個主題嗎？把想告訴女兒的話寫成信的形式。」

「給我女兒的嗎？」

「對啊，把它想成身為一個媽媽，要對這個時代的女兒們嘮叨一下的內容，您覺得如何呢？」

「這樣的話……我好像不用太花力氣也寫得出來耶。」

然後，我的上一本書就這樣誕生了。把寫書當成只是寫信給女兒而已，想說的話便源源不絕地湧出。看來身為一個媽媽，苦於無法對女兒嘮叨而鬱悶的本能可不能被小看。

對我來說，寫書這件事是讓我社會化的一個過程，但寫信則是發發牢騷罷了，這兩件事所帶來的壓力自然有很大的不同。我在那時學到，比起緊張，反而是處於放鬆狀態時，才能實現我們想要的成長。

放鬆力氣，進度就會順利往前，而進度越順利，靈感就會在過程中到來，提高作品的完成度。就像要保持適度緊張，也必須適度注意放鬆的道理一樣。但這裡所說的放鬆，指的並不是純粹讓身體放鬆。放鬆不是單純的休息，而是要放下想做好每件事、想要無所不能的執念。

以教會用語來說，可以完成任何事情的絕對能力被稱為「全能」。如果無能是零，那全能就是一百。我們會因為想要抓住那個渴望的機會，即便在那個領域還不是很有經驗，卻還是可能出現「渴望全能的執念」。過高的標準和執念反倒妨礙了進度，延後起步的時機。

從擁有的人生，到存在的人生

當這種執念出現的時候，稍微「作弊」一下會比較好。也就是說，把期待值降低到自己覺得「能做到這地步算不錯了」，不要看得太重而耿耿於懷。

就像我一想到要寫書就會很緊張，但想成是寫信給女兒，就感覺能放鬆了。所以我一天寫一封信，刻意不讓自己思考出版的事，只當成是寫信或寫日記，把它放在每天日常的高度上，持續寫作。

在這個過程中，對全能的執念便隨之消失了，算是我額外得到的獎勵。像這樣放下完美主義和對全能的執著，人生就會變得饒富趣味。

「我們生活在史無前例的長壽社會，沒有生存方式的範本可供參考，必須在黑暗中摸索。首先要開發吃早餐的方法，然後各自做出選擇。」這句話摘錄自日本作家佐野洋子的《無用的日子》一書中。

今天的韓國年輕人，是第一個無法承襲過去成長方式的世代。因為無法參考已經失效的範本，所以必須在黑暗中揮著雙手，找出準備早飯的方法。所以我下定決心，如果有下一本書，就要為他們寫一些加油的隊呼。

因為在這個高齡化社會中，我們的成長比以前的世代要來得更長久，所以前前後後想說的意見也變多了。

「想要一直成長下去的話，需要什麼呢？」我把這樣的想法寫在便利貼上，然後貼在電腦螢幕上，隨時努力尋找答案。

最後我把答案大致整理成兩類：第一，能接受原本應該到來的事物沒有來的寬大之心。第二，明白體力和機會漸漸減少是自然常理，因此得從全盛期開始，訓練如何放鬆力氣成長的決心。

只要做好這兩點，就可以將人生從「擁有的人生」轉換為「存在的人生」，創造出全新的成長模式。

無論同舟共濟或獨自一人，沒有不需要熱烈煩惱的人生

沒有什麼事，比「我獨自生活」要來得更特別了。但從最近各種電視節目爭先恐後播出的內容來看，感覺獨自生活這件事並不特別，反而變得越來越普遍。

根據二〇一六年韓國統計廳發表的資料，一人家庭的數量已經達到五百三十九萬戶，在十年間成長了超過兩倍。獨飯、獨酒、獨玩這些字眼，現在聽起來一點也不陌生。

參考美國一九七六年的統計資料，有八五％的女性、七五％的男性在三十歲前就結婚了。然而千禧世代的報告卻指出，在三十歲前結婚的女性只有四六％，男性則只剩三二％，在這四十年當中出現了驚人的變化。而這個世代出生的人，認為成長過程中一定要結婚的比例只有一二％，認為必須要有小孩的比例僅佔了一〇％，這跟韓

國國內的情況沒什麼兩樣。

從韓國統計廳發表的韓國社會指標統計來看，認為一定要結婚的比例從二〇一〇年的五六・六％，降到二〇一六年的三九・六％，僅僅六年就大幅減少。

單身達人、自發單身、結婚畢業

在韓國有個新造語叫「1conomy」，表示一人的「1」和經濟「economy」的結合，意思是一人家庭的消費型態。

為了身為經濟主體的獨居人士，市面上紛紛出現單人套房、單人家電、單人家具、單人消費餐廳等等。這證明了單身現象並非是讓人始料未及的例外，反而以一種人生的形式，逐漸在社會中佔有一席之地。

在這些人人琅琅上口的詞中，有「單身達人」和「結婚畢業」兩個詞彙。單身達人跟字面上的意思一樣，就是指不結婚，非常適應一個人的生活，堅強過著單身生活的單身男女們。

另一方面，結婚畢業則是指長久以來共同經營婚姻生活的夫妻，彼此約定要從婚姻中畢業。這跟離婚是不同的概念，而是儘管婚姻關係並未產生變化，但兩人會獨立經營各自的人生。

例如長久持續婚姻生活的夫妻，某一天突然向對方問道：「結婚是不是變成你從前夢想的絆腳石了？」為了讓彼此能過想要的第二人生，他們選擇的生活方式便是從家庭關係的義務中跳脫出來。

為什麼會出現像單身達人、自發單身，和結婚畢業等新形式的關係呢？我們可以從不同於以往的社會變化中找到原因。

我們正迎向一個從前沒有任何人經歷過的新時代，這是一個人們即便在長大成人之後，也很難獨當一面的過度細分化社會。簡單的說，以百歲時代為象徵的高齡化社會便是如此。

想在過度細分化的社會中做為一個獨立的成人，進場的時機就會被迫延後。

不但結婚、就業的時機被推遲，就連從青少年長成大人之前的「心理社會延遲期」（Psychosocial Moratorium）也漸漸被拉長。

至於面臨高齡化社會的成人們，則會在變長的人生後半段試圖摸索生命，嘗試實現新的夢想。結婚畢業的形式，讓我們可以從另一個角度看待這種摸索。

模糊的青年們vs.本質的混亂

現在結婚和生小孩這兩件事，已經不是人生中必須實現的「絕對」，而是可以依照自己喜好決定的一種「選擇」。

已經到了各種人生型態可以自然共存的時代了，那些處於模稜兩可的年紀，說是中年嫌太年輕，說年輕又不太適合的「模糊的青年們」，不知不覺已然成為我們周圍一種新的人生型態。

這些三、四十歲的人們獨立、現實又時尚。他們遠離了人們所謂的「正常生活」，也就是要照既定的時程在適當的年紀結婚，然後必須在某個時刻生下孩子，才被認為是正經的大人的模式。他們已經跟過去的世代不同，變成以一種新的基準、以自己的價值和想法生活下去。

某個知名女藝人曾在節目上告白：「四十歲了還是單身，就會覺得自己因為年紀的關係變得好像沒有價值了。」我聽了這番話，頓時覺得有點悲傷。就因為和周圍人有所差異，導致她對自己的本質感到混亂。

所謂的本質，是一種享有自己想要的歸屬感、享有被賦予的角色時才能確認的概念。那就像身上穿著跟身體很貼合的衣服一樣，讓人覺得安穩又舒適。但這位女藝人，卻因為自己希望的樣子和現在實際的樣子有所差異，所以無法找回自己的本質。

女性到了三十五歲，男性到了四十歲之後，如果沒有結婚，便容易遭受社會上給予龐大的壓力。雖然當事人覺得自己的心境還停留在二十幾歲，但外表卻離中年越來越近，對自我本質感到極為困惑。又由於無法達到社會或父母期盼的標準，背負著愧疚和罪惡感，所以覺得自己沒有達成些什麼，是個有缺陷的人；或是覺得自己被主流排擠，像個被發配邊疆的局外人一樣，感到侷促不安。

無論是和父母同住一個屋簷下，或是擁有個人空間的單身人士，都是一樣的。選擇獨自生活的人，需要對自己選擇的人生發聲。因為這並非被主流排擠的人生型態，而應該要是「我」所選擇的另一種人生型態才對，無需為此感到汗顏或畏縮。只要主動創造人際關係，積極追求人生的快樂就可以了。

而不管是自發性單身或者被動單身，如果覺得自己總有一天會結婚，那麼現在就會過得像是緩刑期一樣。換句話說，應該要避免把自己視為緩刑中的人，不要陷入疏離感、自責和空虛之中，必須好好調整自己的情緒才行。

無論是一個人，或者和家人一起生活，都沒有不用煩惱的人生。不管選擇了哪一邊，我們到死前為止，都會經歷那不停追趕過來的殘酷試煉。

過著幸福婚姻生活的人，某一天會經歷伴侶離去的失落感；一個人生活，就必須獨自忍受孤獨。兩者之間沒有誰比較傷心或誰比較不痛，所以最重要的並不是生活的方式，而是嘗試過好今天的態度。

活在當下

不知不覺發現自己已經不年輕這件事，是一個讓人困惑的經驗。「不再年輕」是個嚴酷的事實，然而想對這個事實視而不見的心情，也讓人糾結不已。

自覺到已經上了年紀，同時也領悟到時間並非無限之物。年輕時覺得過得那麼慢的時間，上了年紀後卻像箭矢般快速遠去。人家說十幾歲的時候時速像十公里，等四十歲的時候時速就像四十公里一樣快了。

錢可以賺，也可以花掉，但時間只會一直減少而已，從不增加。存的錢變少了，我們可以減少支出，嘗試節省一點，但對於時間，我們卻拿它一點辦法也沒有。隨著年齡增長，我們會面臨時間的有限性，以及死亡的不可避免，這些理解對於成人期的成長而言是非常珍貴的轉捩點，也是重要的領悟。

這些困惑會在你過去平穩的心中掀起一陣波瀾，組成新的不安。在我快要四十歲的時候曾經到美國研習，那時也為了將來的出路非常煩惱。一方面想要嘗試新的職場、新的身分，另一方面卻想安於現況，兩種心情使我糾結萬分。誤以為在未來的人生中被允許的時間和機會所剩不多，這樣的錯覺也讓我痛苦不已。

我當時的指導教授是一位七十歲的老教授，他對我說：「妳好像正在面臨中年危機（Midlife Crisis）。」這讓那時的我受到不小的打擊。

「什麼！我已經是中年了嗎？」對三十歲後半的我來說，「中年」這個單字好像跟我還沒有任何關係，聽起來只像是別人的事而已。但回過頭來看，就跟他說的一樣，那時我的身體和心靈，都正在感受著中年的變化。

有部美國電影叫作《Bonnie and Clyde》，主角是一對在經濟大恐慌末期，被世人視為英雄景仰的銀行鴛鴦大盜。電影當中描繪了他們的事蹟和悲劇結局，一九六七年上映後大受歡迎。

因為是很久以前的電影，各位可能不太清楚，這部電影的韓版名字《我倆沒有明天》，對我來說仍記憶猶新。電影刻劃出男女主角無法約定明天的那種迫切人生，配上這部電影的名稱相當貼切到位。

無論歲月如何流逝，重要的是要珍惜「今天，這個當下」的生命態度吧？最近的年輕人口中常喊著YOLO（You Only Live Once），追求「享受人生中的每個瞬間」。但我想強調的，並不是「活在當下」那般被簡化的意思，還要再加上「因為人生只有一次，絕不會浪費」的認真態度才行。

年紀越大，越能強烈感受到時間、生命的有限，而這會變成你面對往後人生的一種強烈正面動力。對每個人來說，時間的餘額都只會不停減少，因此請放下不必要的煩惱，好好度過「現在，這個當下」吧。

就像損失不見得是損失一樣，放棄也不全然是件不好的事。反而有經歷損失、放棄之後，才能守護好的人生。說不定我們的人生不是被「選擇」影響，反而那些沒有被選擇的部分，才真正劇烈地影響著人生。

無需比較，用自己的步調向前邁進

一位單身女性因為「咖啡因憂鬱症」來找我諮商。這個名詞由Kakao Talk、Facebook和Instagram的第一個字組合而成，指的是由社群網路引起的不安現象。

「看臉書的時候滑到朋友的婚紗照。就想到我戀愛談了七年，連婚都還沒訂，朋友還不到一年就舉辦婚禮了。每次都這樣，至少想贏她一次的……看著朋友的婚紗照，心裡某個角落卻想著『又來了』。」

「又來了」這句話裡，充滿著失落的重量。如果幸福和不幸是交錯而來也就罷了，但幸福的人好像總是很幸福，而不幸的人卻好像只會一直不幸下去。至少看社群媒體的時候不得不這樣認為。明明知道那些都是跟現實天差地遠的展示用幸福，但別人看似完美的樣子，還是讓我們自己縮得越來越小。

惠善的朋友為什麼是用臉書通知結婚消息呢？一般來說，如果是很熟的朋友，應該會打電話或者直接見面告知。選擇用社群媒體的原因，大概是因為她把自己的結婚當成是一場表演，必須要有觀眾，這場演出才有意義。她為什麼不能單純品味自己一生中最燦爛的瞬間，卻要把它變成一場舞台上的表演呢？

這樣的人在一天二十四小時中，只有這時最幸福了。他們唯有得到外界的反應，才能夠感受存在感和幸福。這種狀態，就像被關在名為「外人的眼光」的牢籠裡一樣。

在這個必須嶄露自己的全部才能顯得出眾，且四處充斥著渴望被他人認同的自戀傾向的時代，我們要怎樣才能守護好自己，成長為一個健全的大人呢？

《紐約客》（The New Yorker）雜誌社有個工作叫「事實查核員」（Face Checker），工作內容是調查新聞是否符合事實，但在刊登出來的新聞中不會找到他們的名字。大衛・茨威格（David Zweig）在他的書《隱系人類》（*Invisibles*）中，把這種藏在社會中各個角落的人定義為「透明人」。

他在書中寫道：「透明人並不是靠別人的認可得到外在的補償，而是從工作本身的價值，去創造內在的動機。」

這些透明人，比起獲得組織內某個人的讚美或認可，反而對於當一個「安靜的英雄」更引以為傲。他們從工作本身得到喜悅，並且認為比起外人的眼光，讓自己滿意才是最重要的。

不夠耀眼也沒關係

因為朋友結婚而感到憂鬱的惠善，在距離那次諮商談話後的一年後，也傳來了結婚的消息。

有趣的是，即將成為新娘的她變得非常開朗並且幸福。她並沒有想要辦個比朋友更盛大的結婚典禮，反而正好相反。

她的電子喜帖上寫道：「院長，我以前總是在看著朋友的院子，連自己家裡有什麼都搞不清楚。但我現在懂得要把看向朋友的視線轉回自己身上了，這是結婚送給我的禮物。」曾經身為她的主治醫生，這一刻讓我感到非常幸福又充滿成就感。

我們生活在一個可見的（Visible）時代，人們把一切都投注在表面的外貌和角色上。愚蠢的是，人類比起專注於自己擁有的，更想要透過跟別人比較來確認自我的存在；比起自己的本質，更倚賴自己在別人眼中映照出的樣子。

人們常常以為大人比小孩成熟，事實上卻完全不是這樣。只是年歲徒增而已，絕非變得比較成熟。想要變得成熟，就必須讓真正的「成長」發生才行。

我們到底要在沒有「自己」，只有「別人」的成長上拚命到什麼時候？學歷、外表、錢，一旦陷入了比較的無底洞，就只能一直不幸下去。

年紀越大，我們就應該變得比從前更聰慧、更堅強才對。不跟別人比較，即使只有自己，也可以一個人幸福才行。

只要能夠認同自己，人生就不會再空虛了。不要比較後的相對成長，而是要重回自我，專注於自己特有的價值，獲得絕對的成長。

要成為不被環境擺布，可以用自己的步調前進的人。
即使不夠耀眼也沒有關係，因為我們每個人早就是一顆閃爍的星星了啊。

關於每天變好一點點

如果你人生的目標就是找到一個好工作，在職場上叱吒風雲，那萬一失去了工作，你就會變成一個一無是處的人。

無論是工作，或是可以掌權的位置，那都是你人生中某一段時期被賦予的任務而已，並不足以定義你人生的全部，這點千萬不能忘記。

要時常記得「我的人生比那還要更長上許多」，讓自己珍貴的人生變得更長遠、更豐富才行。既然如此，最重要的就是不能放下成長的繩索。

放棄成長，等於失去了生命的能力。沒有成長的細胞並不會繼續待在那裡，而是會馬上分解消失。精神上也是如此，人們應該在三、四十歲，還沒有太晚的時候，整理出新的成長動力。

其實那沒有什麼大不了，只要開始將以往朝向工作、職場的目光，換成更寬廣的角度，重新回頭注視「我」這個人就可以了。

嘗試發現自己的價值、潛藏在身上的能力，挑戰對新事物產生興趣，持續學習周遭的事物，努力不懈，像這樣生活的人是不會生鏽的。

只要能保有像孩子一樣的好奇心，對新事物的開放態度，愉快和喜愛玩樂的心，我們就可以永遠青春地生活下去。

這就是為什麼我們應該學習，如何到死的那一刻為止，都要有趣地享受人生。

提到成長，很多人以為是要累積華麗的資歷，在職場不受任何打擊順利晉升，但這只是作白日夢而已。

跌倒時可以自己站起來重新邁步的韌性；看見別人得到成果稍事休息的時候，能毫不動搖地維持自己步調的意志力；還有不管自己現在處於落勢或是升勢，都能相信自己，不被喜怒牽動的自負心。這些才是成長。

我從很久以前就為了獲得這些成長使用同一種策略，或許乍聽之下你會覺得沒什麼，但它其實很有效，那就是每天把自己磨得更好一點點。

如果你不只想要「有點樣子」，而是想要「真正」成長的話

我們常用「修道」這個詞來表示，修道的「修」是「努力學習熟知」的意思。修道不只是遠離塵世，進入深山中面壁修行的修行之人要作的事，對於我們平凡的人生而言，每天、每個瞬間也都是磨練和修行。

我們在職場、學校、社會中，每天都不斷重複著相同的事。每天整頓身心，用心整理自己的生活，這也是一種修道。

當然，講「成長」聽起來很了不起，容易讓人有種作了什麼偉大的事的感覺。但如果沒有每天磨練自我，就只會止步於看起來「有點樣子」，而無法實現真正的成長。所以，日復一日持續努力的動力是很重要的。

原本對料理一竅不通的鄭小珠小姐，因為某天突然離開父母出來獨立，所以不

得不開始學著自己煮飯。

她說剛開始的第一年，只覺得廚房感覺好像教務處，邊說還邊搖了搖頭。對從來沒有親手煮過一餐的她來說，一睜開眼就是廚房的生活簡直讓人驚慌到了極點。

但經過兩年多的努力之後，她不只學會煮飯，甚至還有辦法煮幾道簡單的料理搭配湯品。除此之外，一開始要花一個小時才能完成的菜色，現在只要花十五分鐘就能搞定，表示她早已是熟知這道料理的專家了。

成長就是像這樣，在每天磨練自己的過程中一點點累積而成。當然，為了讓每天撒下的種子可以好好紮根、發芽，仍然需要物理上的時間。無論是自己的成長，還是他人的成長，都不是某天突然就會一蹴可幾。

只要了解這點，就不會對他人的成果過於敏感。因為他們在得到現在的成果之前，同樣也認真度過了過去的每一天。

為自己完成一些什麼

不知從何時開始，感覺韓國社會開始瀰漫著一股莫名的憤怒，人們也總是怒氣沖沖。雖說政治一團混亂，社會上的競爭越發激烈，生活吃穿都很不容易，但每個人不都正處在這種環境下嗎？

我不是要說只要努力就沒問題，但如果可以訂下屬於自己的目標，即便很小、很微不足道，只要一天一天進步，就能讓生活變得非常有趣。

那些總是忿忿不平的人們，其實都只會作一些中樂透之後才能完成的不切實際的夢。他們只會期盼一些看起來好像煞有其事的成果，卻忽略眼睛看不見的那種實踐的力量。所以「一天一天」的過程是很重要的，必須經歷過努力汗流浹背的過程，才能看見別人的努力，也才能讓自己從莫須有的妒意中解放出來。

每天試著實踐一些什麼，就個人而言，對自信心也會有正面的影響，因為「我正在為了自己完成某些事」的認知，會讓你的自尊變得更加堅定。

我周圍的人也一樣，不管是運動、學習，或休閒活動，越是每天嘗試一些具體成長的人，就越散發出開朗而明亮的能量。因為他們忙著具體成長，根本沒有空讓莫名的怒氣滲入生活之中。

二〇一六年的夏天，我為了去美國研讀精神分析，暫時離開了韓國。一開始跟大家說我的計畫，眾人的反應都是：「都這把年紀了怎麼突然要去留學啊」、「不管怎麼說，我真羨慕妳有這種勇氣」。我聽了一些嘮叨和激勵的話，雖然在別人眼裡看來可能是很突然的決定，但對我來說其實是長久以來深思熟慮後的選擇。

即便有很多人問我：「在這年紀，到底是如何鼓起勇氣的呢？」但我留學的念頭跟年紀沒有關係，而是很久以前就在心中逐漸茁壯的一個願望。

我認為世界上沒有所謂的「一步登天」，這「一步」得靠每天一點一滴的準備，不斷累積這些時光之後才可能實現。如果你有真的很想實現的夢想，就要從此刻開始踏出小小的一步。如此一來才不會淪為空作夢，而能化為真正的現實，這就是每個人都能試著挑戰的成長的方法。

所以如果有很難馬上抓住、一時半刻無法實現的目標或願望，希望你不要輕言放棄，而是請把它好好放在心裡的某個角落珍藏。

「雖然不一定要實現，但有機會的話想把它放進自己人生」的夢想，如果擁有這樣的東西，人們就會不自覺地感受悸動，覺得自己充滿價值。如果心裡一直有個位置留給「想要實現的願望」，就會不知不覺想和那個願望越來越近，作出可以在路上放上階梯、放塊石頭的選擇。而這些踏腳石一個、兩個、三個地慢慢增加，某一天你就會真的越過那一頭，迎接你想要實現的夢想。

每天進步一點點，遠大的目標就稍微立得遠一點點。只要做好這兩點，就可以不費力地開發出專屬自己、充滿樂趣的成長之路。

年紀越大，我們就應該變得比從前更聰慧、更堅強才對。不跟別人比較，就算只有自己，也要一個人幸福才行。

只要能夠認同自己，人生就不會再空虛了。

第2章

有意義的成長
總是在動搖時到來

在人生的中間點，任何人都會迎來混亂期

「我居然已經三十了？唉……美好的時光都過完了啊。」想必每個人都有這樣感嘆過的記憶吧。

一旦經歷過後，就會發現其實跟二十幾歲的時候沒有太大的差別。不過，接下來換成在超過三十歲的中間，感嘆：「就快四十了呢，什麼都還沒實現，就要過完人生的一半了。」一邊這樣想著，一邊感到空虛無比。

人就像這樣，每當進入一個新的年歲，就會經歷要清點過去人生的心路歷程。然而到了人生的半途，也就是四十歲左右，便會遇到一個特別巨大的混亂期，讓人疲憊不堪。

我回想起年輕時和朋友徹夜玩樂，一想到明天又會發生什麼樣的事，就感到興

奮悸動的自己。在長成大人之後，被責任和義務重重壓著，年輕時的喜悅和樂趣早已消失得一乾二淨。

於是被世上的磨難摧殘過後，不知不覺走到了人生的頂點，便遇上了好像無法再繼續前進的不安感。

成熟必定伴隨著苦痛

就像一年有四季，我們的人生也有季節之分。精神分析學家艾瑞克森（Erikson）曾將人生分為八個季節（階段），藉以說明心理社會學上的成長過程。

即便我們的身體到了二十歲中段便發育完畢，之後就開始老化，但精神的成長、心理上的成長卻是到死去之前都會繼續不斷。

所謂心理上的成長，指的是人們將前一個階段的成長習題都完成了之後，才會邁向下一個階段。然而，這並不是像爬梯子般一格格往上爬的直線式成長。

人類的成長動線是螺旋狀的，縱使感覺好像在前進過後又往回倒退了，但始終無法回到原先起步的那一點。而成長的真面目，便是即使你暫時後退了，無論如何還是會往前方持續邁進。一個新的階段雖然會帶來緊張和糾結的情緒，但經歷整合的過程之後，就會朝更進一步、更好的自己邁進。

如同死水必定混濁一般，停在一個點不動的人，就是成長停滯的人。成長停滯的人可能會倒退，或者變得畏怯，容易扭曲自我和這個世界，因此變得不幸。

這些陷入停滯的成人們，被關在自己狹窄的視野裡，就很可能會變成對他人和社會不負責任的大人。

那麼，究竟成長是件容易的事嗎？

不亞於停滯或倒退，往前邁進的成長，同樣會帶給我們苦澀的痛楚。一般到了換季的時候，我們的免疫力會變差而感冒。免疫力變差代表身體失去了平衡，已經熟悉溫暖天氣的身體，很難一下就適應乍然吹起的寒風。

不僅天氣如此，搬家也是一樣，不管搬到多好的房子，只要熟悉的環境產生變化，無論如何都會產生一種壓力。

赫曼・赫塞（Hermann Hesse）的《德米安》和J・D・沙林傑的《麥田捕手》，這兩部成長小說深刻地描繪了，十幾歲少年迷失自我的混亂與徬徨。經歷痛苦而艱辛的過程，少年終於長大成人的故事，穿越了時空撥動著讀者的心。然而迷失自我的混亂，並不僅限於發生在青少年身上。

每當人生的周期產生變化，我們的身心必然會經歷「適應不良」。從學生到社會人士，從未婚到結婚，或變成父母，每當人生中扮演的角色改變的時候，就好像在人生的每一個轉捩點上面臨換季一樣，一定會歷經不安而混亂的時期。

然而這種混亂並不是不好的現象，只不過是極其正常的自我迷失罷了。而且這種混亂，反而會成為接下來繼續前進的成長動力。

曾經熟悉的模式被動搖之後，要重新找回平衡的過程是相當艱辛的，因為要跟熟悉的事物分離，必然會伴隨痛苦；要成長，就必須經歷痛楚；想順利適應新事物，就需要努力和忍耐。像這樣不斷發生變化，就是成長。

我曾看過克利夫蘭音樂學院（Cleveland Institute of Music）的第一位亞裔教授，鋼琴家白惠善的專訪報導。

我對白惠善小姐的印象，還停留在她三十歲時候的臉孔和演奏，沒有機會接觸到她前往美國之後的人生。經過這段時間，她也一下子就成了五十出頭的人，還是一個有著兩個青少年小孩的媽媽。

在九〇年代初，韓國音樂家在國際上還不像現在這麼活耀的時候，她就像顆彗星般劃過天際，是個名符其實的明星音樂家。

有著這樣成就的她，有一天突然拋下首爾大學的教授職位前往美國紐約。她在專訪中說：

音樂家之中，也有人是像信仰宗教一樣只專注在演奏上。不結婚，或者結婚之後不生小孩，一心只專注在一件事上。但我則是到處飛來飛去。（中略）對於女性演奏家來說，三、四十歲是最辛苦的時候，不過這些過程反而使我變得更成熟，對音樂產生更深刻的了解。

除了音樂之外，我從她的話中還感受到，人們在欣然接受成長苦痛之後，所得到的成熟喜悅。

成長，是為自己找到合適的衣服

我們常說：「什麼人要有什麼樣子。」就好比小孩要有小孩的樣子，大人要有大人的樣子。這句話也是在說，在成長過程中必須穿上符合當下階段的衣服。

我們都記得穿上不合身的衣服時，那種不舒服的感覺。所謂的自我，簡單來說就是穿上適合自己的衣服的安穩感受，還有那份「身為自己」的自在。這些都是唯有扮演好自己和社會賦予的角色才能獲得，如果辦不到的話，迷失自我的危機就會找上門來。只要找到適合自己的衣裳，剩下的就是投入自己的義務和角色。

大人們透過生產，來追求自我實現。這個生產的概念包括了父母的角色、自己的事，和有創意的活動等等。例如運動選手就像個運動選手、藝術家就像個藝術家、上班族就像個上班族，自我實現的方法要多少有多少。

去投入那些能讓人生豐饒起來、具有生產性的事，那時我們便能戰勝混亂，開始感到幸福。在人生中認真投入自己追求的事物，我們就能藉此得到成長。

每一個人都是不斷行走在人生逆境路上的朝聖者，雖然可能暫時停下腳步，但還是必須一直往前走。水若停滯便是死水，所以必須不停流下去才行，就像我們的人生也必須不停向前邁進。

成長並非是小孩的專利，人一直到死去之前都必須持續成長下去，但我們的社會卻很早就放棄了成長，太早就成了「年輕的老人」。

我常去參加國外的學會，常常看到七十歲以上的老人們，仍然帶著發亮的眼神渴求著新知識，但在韓國學會的場地，卻很難見到白髮蒼蒼的前輩們。

有人說：「不管多年輕，放棄了成長就是老人；即便年事已高，持續成長就是年輕人。」就像人性成熟的過程是永無盡頭般，精神上的成長也不存在終點。

改變觀點，人生就會變得更有意義

框架（Frame）在字典裡的意思，是「畫作」或窗戶的「框」。我們平常也用「框架」這個字，來表示規格或思考的方式。換句話說，框架也可以解釋成某種觀點、定義，或者眼前所見。

我們都帶著各自的觀點活在這個世上，那麼你是透過什麼框架觀看這個世界，生活下去的呢？你是幸福的利己主義者，還是不幸的利他主義者呢？又或者是跟那全然相反的組合呢？

以上這些全都是框架。人們就是透過各自的框架和周圍產生連結，才能藉以生存下去。

所謂的框架，會提供慣性的思考方式與情緒的限制，讓自我感到舒適。但是有些時候，被困在自己僵化的框架之中，會讓人感到被隔離且孤獨。僵化的框架必須被軟化才行，因此才出現了「重新框架」（Reframe）的概念。

不久以前我在整理衣櫃的時候，發現了幾十年前結婚時，我老公用來當作禮服的西裝。因為尺寸不合，長久以來一直被塞在衣櫃的角落邊，我覺得丟了很可惜，所以拿去給裁縫店修改，為的是讓衣服再次貼合已然變化的身形。

為了讓衣服重新合身而修改，這就是所謂的「重新框架」，也就是為既有的框架，重新下一個新的定義。

從不同角度看待一個年紀

我在某個聚會上遇見一個年輕女孩，她說：「我已經過了三十歲生日了。」她的表情滿是悲壯，簡直就像是被關在絕對禁止進入，進去以後會無比後悔、充滿不幸的洞窟裡一樣。

對女生而言，三十歲是跟年輕告別的一種門檻。所以對於她說的「三十歲了」的心理衝擊到底有多大，我非常能夠感同身受。不過不管怎麼說，三十歲仍然還算站在年輕的入口不是嗎？

矛盾的是，在有年紀的一輩中，很多人會主張「絕對不想再變年輕」。就像年近四十的安潔莉娜．裘莉曾在一次訪問中表示：「我現在變得更成熟，得到了安定感，所以不會想要再變年輕。」

而如何看待年紀這點，同樣也是一種框架。如果總想著現在的年紀是生命至今最老的時候，人就會變得憂鬱而焦躁。相對地，如果換個角度思考，想著現在的自己是將來要活下去的日子裡最年輕的時候，就會變得開朗，湧現力量。

用老去的心態生活，和用年輕的心態生活，兩者之間就只差在框架不同而已。框架不同的狀況在戀愛或結婚中也同樣很常見，每個人都很清楚，戀愛和結婚是不一樣的。假如說戀愛是一時的熱情所造就的關係，那麼結婚就是儘管跌跌撞撞，也要花一輩子經營的關係。

就像「人」字的形狀一樣，婚姻是必須互相依持，用信賴建立的，應該用跟盲目的戀愛截然不同的框架去看待。

身處人生的變化之中，是最安全的時候

我們的人生中，勢必會迎來幾次的轉捩點。這是每一個人都會經歷的，無一倖免，不過通過這些點的條件，卻是每個人都不一樣。

最初的戰略和立場總是會變得毫無用武之地，只能順應當時的狀況與變化，一一學著適應。這時我們所需要的，就是所謂「重新框架」的生命技巧。

雖然有很多轉捩點，但我最切身感受到疲憊的時期，大概是四十歲的時候。因為要是把四十歲之前看成是人生的「前半」，四十歲之後看成「後半」的話，過了四十歲這個點，一切就都變得不一樣了。

如果有人問我四十歲是怎麼樣的年紀，我會說那是一個即便跟自己的意志無

關，過去經營的人生基石卻開始動搖的時期。

有些人會開始覺得現在的工作受限，得尋覓新的職場；如果婚姻生活也面臨變化，就會開始重新構築原有的關係。

因為現實變得不一樣了，身處這個時期的我們也只能做出選擇，是要追逐著不一樣的現實生活下去，還是要改變視角，嘗試積極地面對接下來的變化呢？

正好在三十五歲的年紀前來我的診療室拜訪的孝珠，當了將近十年的上班族之後離職了，為的是五年前就開始準備的「室內裝飾小物網路商店」。雖然她那時還是未婚，但很快就要準備結婚了。

四十歲就在眼前，得面對創業和結婚兩個巨大變化的她，不斷積極地做著準備。首先是為了拍背景照，計畫要花兩個月去日本和歐洲出差。

她一邊說：「網路購物最關鍵的就是照片了，為了要跟別人不一樣，背景的照片要很多樣化。房間大小不一樣，裝飾的物件也會很不一樣，我想要多看看。」一邊把密密麻麻的出差計畫表拿給我看，上面還寫著經營網路商店的方法，怎麼處理越來越多業者盜圖的情況，還有如何保護自己公司照片的計畫等等，讓人印象非常深刻。

但在事情進展到這裡之前，也並非一帆風順。她放棄了在職場累積的年資，向周圍宣布創業的計畫時，所有人都口徑一致地對她說：「為什麼要跳進紅海裡頭呢」、「妳以為做網拍很簡單嗎」，除了這些數落之外，還有人建議她「先結了婚再惹事吧」。

每次聽到這種話，孝珠就會更認真把計畫做得更詳細。因為這對別人來說，雖然是條「沒走也沒什麼大不了」的路，但對她而言，則是「如果要走，就必須現在走」的路。

即使不像孝珠一樣挑戰巨大的變化，我們也不要只是等待改變自己找上門來，應該要嘗試改變視角，迎向挑戰。人生不會永遠停留在同一個地方，每個人都不得不面臨人生的轉捩點。

毫無準備，就被改變的漩渦捲進去的人，必定會感到措手不及。雖然很諷刺，但唯有積極面對變化的時候，人生才是最安全的。

有意義的成長，總在動搖的時刻發生

《生活的藝術》作者魯爾夫．杜伯里（Rolf Dobelli）認為，明白如何在途中修正的能力，遠比有利的起跑點來得重要。

然而，很多人會把途中修正這件事誤解成計畫失敗，掉入思考的陷阱之中。這裡說的陷阱，指的是觀點、框架的陷阱。如果被關在僵化的框架裡，一味忽略改變，就無法避開不幸。

魯爾夫用「就算出發時已將飛行軌道設定好目的地，也必須配合風向變化不停調整操縱桿」來比喻這件事。這是一個很棒的比喻，套用在婚姻生活的話，可以說比起找到最優秀的伴侶，能跟現在的伴侶持續經營好關係，這種「重新框架」的能力更加重要。

站在四十歲的轉捩點，我遇見了前方的新的改變。這些變化雖然讓人感到動搖且混亂，但同時也帶我前往新的地方，來到更好的高處，把我推向了可以讓視野變得更寬廣的地方。

有意義的成長無論何時都伴隨著動搖，不是有句話說「亂世出英雄」嗎？因為不斷重複著融合、解體，創造出新事物的變動時期，正是所謂的轉捩點。我們也許是因為害怕改變，想要維持現在的樣子，才會抗拒展開行動。但回頭想想，能走到現在，不就是因為持續發生了許多變化。

用新的框架檢視一下身旁的現實、周圍的條件和人際關係，就能讓我們的想法和舉動產生變化。

嘗遍人生酸甜苦辣，才能長成大人

流行這種東西真的很捉摸不定。隨著貼身的緊身褲太過氾濫，短褲開始流行起來，所謂的大叔時尚也起了變化。

媽媽跟女兒穿起同樣風格的衣服，也不是一天兩天的新鮮事了。現在的大人跟以前的時代不一樣，可以不用考慮年紀，享有獨到的品味和時髦的穿衣風格。

我很喜歡欣賞優雅的紳士和時尚的大人們，說得更貪心一點，比起只是穿著打扮很時髦的人，我希望真正帥氣的人可以更多一點。希望可以看到很多穿著隨性、俐落，再帶一點孤傲的氣質，人品不凡的大人。

這世界三天兩頭就會湧入新的東西，總是匆匆忙忙地轉動著。所有人都偏愛年輕，沒有誰喜歡變老。

雖然歲月流逝讓人覺得可惜，但「年紀增長」絕不是件壞事。真要說為什麼，因為歲月也是會帶來禮物的。

上了年紀，才會明白的那些事

讓人明白自己上了年紀的時刻，會以各式各樣的形式到來。眼角的皺紋、突然變多的白頭髮，還有看起來模模糊糊的小字，某一天突然感受到這些的我們，就會發現自己上了年紀。

歲月從我們這裡奪走了青澀，然而我們必定不會只有失去而已。實際上，歲月也會留下時間流逝、年歲漸增後才能得到、明白的東西。而那些東西，不管是多優秀的人，在年輕的時候都不會了解。

長大成人之後，就會發現有太多事情是事與願違的，因此也會學到要去順應那些光憑自己努力完成不了的事。認清自己的限度，雖然有時候會倒退，但要明白那不是因為自己無能的關係。

長成了大人，要自己懂得小時候的夢想可能是白日夢，要看得見跟年輕時夢想的人生軌道全然不同的現實，這樣才能讓心中留下餘裕和彈性。

對自己寬容一點，相對地對別人也寬容一點。一個人曾經失敗，也嘗過挫折的滋味，這一路走過來的歷練軌跡，就會一一融入他的面孔與態度。如此一來就會明白，人生雖然不是「玫瑰色的」，但仍是非常值得活過一遭。

歷練所給予的經驗和自知之明，會造就人生的氣度。這是無論年輕人穿上多貴的名牌，都無法擁有的，屬於成人獨有的魅力。若能兼具教養、成熟和禮節，便擁有了所謂「大人的品格」。

現在才完全感受到何謂幸福

有一個電視節目叫做「不知不覺已成大人」，沒想到這個節目的名字莫名地勾起了我的興趣。

這句話，想必只要是大人，都至少能感同身受一次吧。因為就算已經長大成人，但「大人」這個詞偶爾還是讓人覺得有點陌生。還有一句人盡皆知的玩笑話：「方不懂事已為花甲。」這句話中含著只有年歲增長，卻沒有真正長大成人的意思。

老莊哲學家金炯錫教授，也曾說過自己在六十歲以前，各方面都還不夠成熟。他說：「活到了一百歲，才知道人生的全盛期是在六十歲到七十五歲之間。」原因之一是因為他在到六十歲之前，都還不太懂得什麼是幸福。

每個人都害怕不幸，都祈求能變得幸福。換句話說，是希望沒有不幸，只擁有幸福。然而，這是不可能的。幸福和不幸就像是錢幣的兩面，所以開心不該是只知道高興，悲傷也不該只知道哭。

沒有不幸，便不可能幸福。相對地，如果很幸福的話，也必定會有不幸運的時候。就像要吃過很多食物，才能好好分辨食物的味道一樣，人生的酸甜苦辣也得一一嘗遍，才能好好感受何謂幸福。所以真正了解什麼是幸福的年紀，才是真正開始長大成人的年紀。

很多人會哀悼逝去的青春，但在上了年紀的一輩中，卻意外有許多人不想重回年輕歲月。或許這些人不想要的，是不明白何謂幸福的「年少無知」吧。想必大家二十歲的時候，都曾想過那些四、五十歲的人到底生活有什麼樂趣呢？

在年歲漸長之後，也會發生長大後才會覺得有趣的事。神奇的是，造物主早已為我們備好了在各個階段的有趣事物目錄。會突然有那麼一天，發現二、三十歲時關注的事開始變得沒什麼意義，感受不到樂趣何在，那正是因為出現了讓自己感興趣的新事物。

《*Reinvented Lives: Women at Sixty*》（直譯：重塑生活：六十歲的女性）的作者查爾斯和伊莉莎白．韓第夫婦（Charles Handy, Elizabeth Handy），聆聽了二十九位平凡女性的故事。她們都是在年紀超過六旬之後，才真正發現了自己的幸福。

這幾位女性沒有讓年紀成為懈怠的藉口，不因現實畫地自限，一邊挑戰新的事物，一邊爭取幸福。她們說：「過去的人生滿是禁錮，直到現在才開始完整感受屬於自己的人生和幸福。」

大韓民國是個國民幸福指數很低的國家，這件事眾所皆知。就像為了在臉書上炫耀、佯裝幸福，上傳乍看好像很幸福的照片一樣，韓國社會遲遲無法擺脫「比較」的枷鎖。也許正因如此，才一直無法察覺何謂真正的幸福吧。

我想擁有的心境

一位外國名人在電視訪問中被問了一個問題：「所謂成功的人生是什麼呢？」他的答案是：「Being respected, being needed, and being trusted」，意思也就是被尊重、被需要、被相信的人。

雖然是偶然聽到的內容，卻讓我深感共鳴。其實大部分的人都有剛好相反的經驗，強求別人的尊重，抗議為何被忽視，或大聲疾呼要別人相信自己。

不知從何時開始，我們的社會開始失去了大人。父母在家庭中失去了健全的權威；在學校裡或社會上，也很難找到值得依靠或信賴的人。

倘若社會中不存在健全的大人，就會引發很多問題。其實真正幸福的人，心裡得有一個真正敬重的人。能夠擁有值得尊敬的父親、老師或前輩，是非常幸運的一件事。尤其對年輕人的人格發展來說，他們在成長過程裡必須要有一個能夠帶入自我理想的模範對象。

超過四十歲之後，我們在公司，或者社會中的前輩，就會開始一一退休、離開團隊。看著那些前輩們的背影，便會頓時領悟到他們其實也是弱小的存在。

同時也會體悟到，接下來該由「我」去填滿那些空位了。我也必須成為某個人的導師，變成可以依靠的前輩，成為值得尊敬的人才行。

要成為被尊重的人、被需要的人、還有能夠信賴的人。我想，這些正是所謂大人的品格吧。

世界本就不會照你期盼的順序給予

隨著年齡漸增，人生剩下的時間也會逐漸減少。所以對自己接下來的時間抱持的觀念，必定會變得不同。

假設把平均壽命算成九十歲的話，三十歲的時候看自己往後的十年，是接下來人生的六分之一，但從六十歲的位置看往後的十年，則是剩餘人生的三分之一，幾乎差了一倍以上。

也就是這樣，老人才會無法容許再繼續猶豫下去，去到好吃的餐廳，也很難抱持「下次再來吧」的想法，因為心裡會下意識地想著：「這是我人生最後一次去濟州島」、「這是人生中最後一次家族旅行了」。所以上了年紀的人們在行動的時候，會把生命的每個瞬間都當成人生的全部。

隨著年齡不同，面對時間的態度也會產生改變，沒有什麼時刻會比老了以後更珍惜時光了。所以上了年紀的人就算天天生氣吵架，也會光速和解，因為沒有時間再讓不必要的厭惡停留太久。

我希望人們可以更早開始抱有這種老人的心態，早些脫離在瑣碎小事上拚命的愚昧人生，不要再過度在意他人，忽略了人生中重要的事。如果時間所剩不多，就該從真正重要的事開始做起，根本沒空去理會別人的目光，不是嗎？

比起眼前只有現在，只抉擇當下的問題，要是能夠想著結局做出決定的話，從長期來看，做出有利抉擇的機率也會變高。

所以我想勸這個時代的年輕人，要懂得先預支未來的人生。即便還不知道老年時該採取什麼態度也沒關係，最重要的是，要先藉由思考老年的人生，補正自己現在面對人生的態度。

沒有完美的人生，也沒有不夠的人生

一位跟我有交情的作家，在圖書館網站上看到開設「創作講座」的消息，於是報名參加。

講座的第一天，大概十八位左右的學員各自進行自我介紹，說明為什麼會來參加這次講座的理由，這位作家興奮地跟我分享當時的氣氛。

讓她覺得印象最深刻的有兩點：其一，是學員的年齡層大約在六、七十歲左右。她說，大家不只是「想來聽一次看看」而已，而是全都抱著熱切期盼的心情坐在教室裡。

「我啊，原本以為是老人家沒事做，只是來上上課而已。」

「所以好像不是那麼一回事喔？」

「對啊，都是一些必須在那個時候坐在那個地方的人喔，除了我以外。」

眾人輪流發表為何會來參加創作課程的原因，在聽完每個人的故事之後，她發現無論是幸福的人，還是不幸的人，都曾經歷過不知道自己是如何撐下去的那一段「艱困時光」。

有人某天早上失去了伴侶、有人失去其中一隻眼睛，還有白髮人送黑髮人的怨懟，或是為了自己的利益，奪走他人一切的自責等等。也許在經歷這些事情的當下，他們沒有時間能好好面對傷口，但過了一段時間之後，當時的傷痛就會開始糾纏著需要治療。

我在此總結一下作家說的那些學員們的告解，就是「只要是人，任誰都會有一兩件必須告解的事，不像表面上看起來那樣，沒有內、外都完美的人生。」這也許是最接近生命正解的答案。

只要明白沒有人可以享受完美的幸福，就可以比現在更加客觀地審視人生。因為沒有所謂完美的幸福，比現在稍微活得隨性一點、自由一點也不錯。保有這種審視的態度，該來的才會來，該放下的也能勇敢放下，才能避免那些會讓人生受到毀壞的事物。

雖然這是我個人的想法，但活了這麼久，直到這時才發現人生好像不會照著我們渴望的順序給予我們想要的。只要明白人生從一開始就是不親切的，就能活得比現在更無所求。

然而，最諷刺的也就是這點。你越無所求，得到的就越多，這便是人生啊。

邁向減少依賴的人生

仔細觀察老後的人生，可以幫助我們在「該拋棄什麼、該填補什麼」中選出最正確的答案。如果說年輕時最關鍵的議題是「產出」的話，對老人來說，最具代表性的議題就是「依賴」了。

沒有女兒就連張自然人憑證都辦不好的六十歲母親，和如果沒有兒子媳婦，就無法自理生活的老夫婦。上了年紀之後，人們就沒有辦法脫離「依賴」。為了有智慧、有格調地老去，我們有必要事先仔細梳理「依賴」這個議題。所以不如就從四十歲開始，訂下一個為往後二十年老後生活作準備的方向吧。

假設我們會遇到錢和健康的問題，從子女的立場來看，父母的健康問題遠比金錢問題來得壓力更大。

「久病榻前無孝子」這句話可不是白說的。把生病的父母送進療養院，然後斷絕聯繫，簡直就像是現代版的高麗葬※一樣殘忍。（※古時高麗有將老弱的活人送進墓穴，待其死後再行葬禮的風俗。）

那麼人很健康，沒有錢就沒問題了嗎？我想，這同樣也不會受到子女們的歡迎，要不然「在死去之前都不要分給子女財產」這種話，怎麼會像信仰一樣被到處傳頌呢。

只要能同時擁有健康和財富，不僅子女，其他關係也會自動緊密地跟隨著你。這並非因為人心貪婪，而是世上的真理就是如此。若是用「當人家子女，卻對父母不聞不問，真是沒教養」的道德標準去判斷，就太天真了。

我們必須生活在現實之中，而不是道德或儒學裡面。意思就是說，這些只是一種意識形態，而不會變成可以取代現實的某種東西。原本現實的問題就該用現實的方法解決，但仔細觀察後就會發現，大多數的韓國人總是想用理想或道德化的標準去判斷、解決。

只不過真正道德上的方法，也不是足以解決問題的方法。因為對現實感到不滿，就把倫理或理想當成逃避手段，這樣的情況也屢見不鮮。

然而，道德無法成為人們逃避的避風港。只要想成現實住在一樓，道德或理想是住在二樓就好，如此一來就算可恥地無法解決現實，也沒有辦法逃到二樓去。

簡單來說，沒有任何人可以避開「老後依賴他人的時期」，但可以盡量讓這個時期晚一點到來。如果想要這樣，就要把健康、金錢、關係當作生命中的優先順序，從三、四十歲開始，就必須為了得到這三樣東西而展開計畫和努力。等到確實擁有了這些，再來討論年老這件事，這時才有意義才會浪漫。

為了守護人類的尊嚴到最後一刻，我們就要比想像中作好更多準備。如果沒有先準備好健康和財富，也無法在一夕之間獲得它們。一一打點好這些的人生，比獲得巨大的成功要來得重要得多了。

當你用更廣闊的視角看向自己

現代的三、四十歲，是跟二十歲有些不同的另一個青春延長期。

這時不管有沒有結婚，都會想被不錯的異性關注，也想成為某個領域的神話，成為聚光燈的焦點。雖然想嘗遍人生中能經歷的所有好事，但這個世界卻總是告訴我們，現在該從舞台上下來了……明明都還沒有好好登上一次像樣的舞台呢。

據說賢聖連續作了好幾天變成韓流明星的夢，而他是一個患有卡拉ＯＫ恐懼症的四十歲上班族。

他說，明明平常也不喜歡飲酒作樂，不知道為什麼會夢見自己站上舞台，然後表情變得有點尷尬。其實他作的這些夢都算是「白日夢」，所謂的明星基本上不就是為了受到大家喜愛而誕生的存在嗎？明星們得到眾人的喜愛，經歷了各種好事，對一般人而言就是白日夢或者幻想。

幻想和現實是相反的概念，對於我們平凡的人生來說，有點像化學調味料般的存在。從精神醫學上來看，這種幻想必定是帶有正面效果的，因為身處白日夢之中，原本扭曲的自尊心、充滿傷痕的榮譽感都能馬上復原。所謂的白日夢，就是不受現實理論影響，只存在於想像中的世界。

小孩子們在幻想之中，隨心所欲地掌控整個世界，從中體會到控制周圍、全知全能的存在感。他們的自我還不成熟，因此還不具有檢驗現實的能力，所以世界的中心仍然只有自己。

但這是小時候的事了，就像下班之後回到家，要把早上穿好的衣服脫下來一樣，小孩長成大人之後，也必須把這種幻想從身上脫下來。這稱之為「幻滅」（Disillusion），人在成長達到某個時間點後，就會發生潛在的幻滅，進而擁有更具現實感的自我。

人們也必定要經歷這樣的過程，才能打造出具有凝聚力的自己（Self）。簡單來說，幻滅就像把飄在空中的雙腳往下放回地上，好好著陸一樣，是長大成人不可或缺的過程。

我們常跟二十歲的年輕人說，一定要擁有夢想，但對於超過三十歲後半的大人，就很少會給出懷抱夢想的建議。人們還會鼓勵二十幾歲的人，說失敗也是一種珍貴的資產，然而面對四十歲的人，就可能會變成責備，怪他都有家室了，怎麼沒有預先作好應對失敗的準備。

這是因為假如把二十歲說成是「幻想的世代」，那一旦超過三十歲後半，就會開始漸漸進入「幻滅的時代」了。

無力感是必須的

三十歲後半是脫離幻想的第一個階段，必須跟自己還很混亂的心進行一場激烈的拔河戰才行。

心還想停留在白日夢裡面，但現實卻一直要求必須從那脫離出來，為了減少兩者之間的鴻溝，無力感和憂鬱症這類的事，就會像「心的感冒」一樣找上門來。

要是在這過程中陷入了深深的無力之中，也不是因為特別有什麼問題，反而可以說是一種理所當然會經歷的「生長痛」。

假如二十歲是個什麼都不知道，只知追夢的世代，那三、四十歲就該以客觀的成本和資源作為根據，去斟酌夢想的可能性。就算死了重新活過來，自己的現實也沒辦法再離理想更近一點，所以才會感到無力。因為人生不是幻想，也不是夢，而是以現實為基礎的生命中所開出的花。

不切實際地朝意識形態大步前進，可能是一種年輕的美德，但那只有年輕的時候才有效。既然沒辦法一直停留在二十幾歲，那麼就應該欣然接受幻滅的到來。從這個角度來說，此時找上門來的無力感並不是不好的，反而應該說是必要的無力感。

就像身體若被細菌侵入，可能會導致發燒或冒冷汗等警訊，無力感也是信號之一，並不是一種不穩定的情緒。只不過越是抗拒這種無力的心情，反而越容易造成嚴重的問題。如果可以坦然面對無力感，就能引發正面的力量，但絕大部分的人都只想忽略，或一心想抹滅這種感受。

「雖然忙得連眨眼的時間都沒有，但我的人生卻很無聊。要作的事情很多，而真的作了也覺得滿有趣的，為什麼會這樣呢？」

夢到自己變成韓流明星的賢聖，在診療室裡跟我說了這些話。明明自己跟同事比起來，有很多事情要做，生活忙碌卻找不到什麼特定的生活意義。就算認真生活了一陣子，也會莫名浮現「這算什麼？」的念頭。

拿掉頭銜的我，到底是誰呢？

賢聖目前處於「必要的無力感」作為信號出現的時期，別人還在擔心被開除，會失去工作而兢兢業業的時候，他相對地早已投身事業，進入了安定期。

不過觀察他迄今為止的人生，會發現每一天都只是為了維持現狀而奔走，沒有特別有趣或特別的時候。簡直就像過著日曆上沒有紅字，全都是黑字一樣的人生。

所以我給他的處方是別作「該作的事」，而是要練習用「想作的事」填滿日曆的每一天。我認為找到自己可以投入的新事物，即便是為了剩下的人生，也是非常有必要的一件事。

很多三、四十歲的人接到這種處方箋，就會回我：「哪有時間作那些啊？為了工作養小孩、還貸款，忙都快忙死了，哪來運氣這麼好的事啊。」但我會告訴他們，如果不趁現在開始作，以後就更作不了了。

到了五、六十歲，就更難發現「值得投入的事」，也很難專注在上面。到了那個時候，不光是時間，就連身體都會開始跟不上。與其等沒時間了才匆匆忙忙地尋找，不如在那之前先多加嘗試，才更能帶來助益。所以我們需要有智慧地不時擴充自己的興趣，在其中找出一兩件可以投入的事情。

自己決定以約聘身分工作的善景小姐，即使公司表示要用正職聘請她，她卻還是選了「約聘」的職位。她說，因為覺得如果在年輕的時候被所屬的位置定義了自己，等到上了年紀以後，就必須回答「拿掉頭銜的我是誰」這樣的問題。

對她不想被背景或所屬機關定義，努力只想打造「我」的本質的樣子，我留下了深刻的印象。跟善景談笑之間，我發現她也是到了四十歲之後，才開始尋找「拿掉頭銜的自我」，反覆經歷了各式各樣的錯誤才走到這裡。

她說，在投身職場的同時，如果可以找到「第二個投入的事物」，不管對心理或經濟而言都不會感到不安，所以很不錯。她還下定決心不管是什麼事情，都要努力投入兩年。結果她讀了兩年的諮商輔導，也讀了三年的設計，找到了兩、三種活動，下功夫用心研究。

所謂人生，並不像想像中的那麼偉大

雖然想不起來電影的名字，但我還記得故事裡面的男主角在離職之後，抬頭看著公司大樓所說的台詞：「雖然我在那裡工作了數十年，但離開了以後，連一張影印紙都不是我的。」

人生並不會因為你有權有勢、很有錢，或者你現在正在享受全盛期，就給你特別的待遇。如果一個人靠公司的設施和金錢累積了功勞，因而迎來全盛期的話，那麼便是屬於公司的，並非全然屬於自己。

這樣算起來，雖然人們可能會被空虛襲擊，但空虛不會計較一個人的財產或地位，而是一視同仁、不請自來地造訪所有人的人生。

人生絕不可能總是既帥氣又華麗，反而凌亂不堪、一無所有的才是所謂的人生。既然無論過得好、過得不好，都一樣正朝著死亡邁進，在那過程中有享受到人氣，也體會過什麼是全盛期的話，那就夠了。能夠接受這點，就表示你獲得了真正意義上的成長。

其實幻滅跟年齡大小沒有關係，而是所有人都需要的一種思維模式。它是思緒的三稜鏡，能提早喚醒現實。現在，我們必須要用更寬廣的視野，看見「現實的我」才行。

我常對來諮詢的人說：「不要太過期待喔。」因為人生並非如同想像中的那麼偉大。「應該要成為偉大的人，要是沒辦法，就很不成器」的這種想法，根本是一開始就弄錯了解題的方向。

只要好好發呆、好好睡覺、吃些美味的食物，就是幸福了。雖然用這種話給一個大人建議，感覺好像有點幼稚，但我認為這才是真正幸福的基礎。

如果能夠在這些大前提下，去找尋足以成為珍寶、開出花朵來的事物，那麼在增長年歲的同時，就可以懂得如何控制因無力而哭泣，或因幸運而笑。也就是所謂「人生的一喜一悲」。

現在，試著找到外在和內在的平衡

自信的意義會根據年齡不同，而變得不一樣。如果說年輕時的自信是不害怕失敗，即便遇上難關，也能因為信任自己而馬上恢復的話，上了年紀之後的自信，就是能「接受自己就是這樣」的力量。

沒出息的我、作得好的我、被開除的我、升遷的我，用同樣的標準去看待所有的自己，並且給予相信和支持，這就是真正意義上的自信心。

我在診療室的裡外，都有很多機會遇到一些成功人士。你知道這些在自己的領域擁有傑出成就，一路飛黃騰達的人，也會有羨慕的人嗎？那便是即使身為配角，也能自在享受當下處境的人。

為什麼呢？明明擁有更多智慧、財富和名譽，有什麼好不滿意的呢？只是我們因為沒有察覺所以不知道罷了，對於那些會關懷別人、因為一些小事就能感到滿滿幸福——也就是有自信的人，我們是會抱有忌妒之心的。

我們想著：「即便是失去了一些比塵埃還微不足道的東西，我也會很痛苦，而你為什麼可以那麼幸福呢？」

所謂的自信，並不跟居住的地區、家裡的坪數和財產成正比。世人常講的自尊心，是覺得住在江南好幾十坪的公寓裡，自己的品格就會隨之提升。但這是為了讓自己看起來不比別人差、為了不被輕視，而刻意建立的心態。這跟不在意別人的評價、尊重自己，且對自己抱有自負的自尊心，是完全不同等級的兩回事。

看看自己周圍，會發現有一兩個經濟上不是非常寬裕，但對每件事的態度都很正面，感覺很幸福的人。偶爾看著他們，會忍不住心想：「到底為什麼可以那麼自在呢」、「像那樣應該算過得不太好吧」，也許你可能瞬間會產生輕視的心，但其實內心卻抱持更多羨慕之情。

他們雖然是從觀眾眼中一晃而過的配角，但他們好好地撐過了生命的起伏，認真為生命賦予了意義，他們的能力是不夠成熟便無法得到的。尤其是在這個和他人比較之中成長、充滿競爭意識的社會之中。

那些愛上外在自己的人們

賢珠很享受別人看自己的視線。賢珠的外貌、品味、家庭背景總是讓她看起來光鮮亮麗，必須一直高高在上作為眾人欣羨的對象，才能讓她感到安心，她沒有辦法接受任何次等、或者讓人感覺邊緣的自己。

在諮商的過程中我驚訝地發現，她生活的方式，便是把組成自己的所有事物都貼上標籤。比方說要去新世界百貨公司的食品館買菜，任職的公司的位置必須在江南、光化門、汝矣島這三個地方之一，包包也要拿二十歲女生不會拿的牌子才行。就算進了百貨公司，從名牌進駐的樓層直接走出來，對她來說也是很丟臉的事。

賢珠的人生真的就像以上描述的這樣具體且世俗得不可思議。然而，會說「選B牌是因為她能力不夠」，像這樣明確地表達自己意見的賢珠，卻發生了一件讓她得來看醫生的事。

身為國營企業員工的這塊招牌，是讓賢珠看起來光鮮亮麗的名牌之一，但因為公司要搬離首爾，賢珠不得不辭去這份工作。「我的名片沒了。沒了名片，就代表可以在社會上立足的我消失了。」賢珠把自己跟公務人員的親姐姐作比較，開始變得畏縮起來，自從離職之後便沒有跟任何人接觸。

理由也很淺顯易懂，因為她的包包、衣服、車子，所有的東西如果得具備意義的話，她就必須有一個水準與其相符的職業才行。對於一直以來都對他人抱有排他優越感的賢珠而言，她無法忍受「自己變得不再特別」的事實，簡直就像是個恥辱。

很多人都活在對「外在的自己」的自戀之中，不管去哪裡都得被稱讚，對自己的才能評價過高，結果就是導致認為所有自己想要的東西都得實現才行。我們會叫這種人「自戀狂」（Narcissist）。

自戀狂會對自我的重要程度表現出誇張的自信，從賢珠的例子可以看出，過度自信的背面藏著自卑。越是沒有自信的人，為了保護好軟弱無力的內在，就越會用華麗的外在包裝自己。

自尊心和信心也是經常被混在一起的主題，「自尊心太強」這句話諷刺地跟「沒有自信」、「信心不足」是一樣的意思。所以信心不足的人，經常固執地一心只想維護自尊。

對自戀的人而言，連最微小的失望都會引發深刻的挫折感，因為他們連一次都沒練習過如何「忍耐挫折」。就像無條件的愛和支持可能會養出自私又沒家教的孩子一樣，這種「病態的自戀」，只一味追求無盡的成功和毫無根據的優越感，自然就像玻璃般易碎。

擁有健康自愛心的人，就會知道自己沒有必要完美。因為他們確信自己就算失敗，還是有被愛的價值。

失敗是痛苦的，因為痛苦，就會生出要重塑生命的意志。經歷過谷底的人，之所以不會被尋常的挫折所動搖，是因為他們已經從過去失敗的經驗中獲得了警惕。適當的挫折對於心靈的成長，是不可或缺的。

適當的挫折能讓人了解真正的自己，也可以讓自我變得更加柔軟，就像心靈的維他命一樣。因此如果想要培養健康的自尊心，必定要有適度的缺陷和適量的苦痛。

不必完美也能成為人生的勝者

沒有很多錢、沒有很高的地位，難道就不足以抬頭挺胸，有品格地老去嗎？我們明明只要透過生命各處的教誨，統合、整理好自己的內心就可以了，為什麼我們的人生中，總是如此汲汲營營於得到一些什麼呢？

我的意思不是要你別去追求實現，的確身處資本主義社會之中，外在也很重要。只是那些任誰看都站在成功隊伍裡的人們，在某個瞬間突然從頂點墜落下來時，沒有理由感到氣餒。

就算外在非常重要，也要避免讓外在成為自己人生的全部。就算「外在」成功了，「內在」卻失敗了，結果你的人生也只不過是半瓶水的成功而已。所以別讓外在成為你成功或附加人生的全部，也練習提升自己的內在吧。

我偶然間在咖啡廳看到一本雜誌，裡面出現了「Origin Valuer」這個關鍵字。這是用來稱呼注重本質和源頭價值的消費者，他們不會拒絕為時間流逝後也不會毀損的「本質之美」付出高價。

這是為什麼呢？

其實不只因為本質是無法用任何東西交換的，而且得到一次之後，有效期限就是永遠。我們之所以應該成為「擁有本質的人」的原因，就在這裡。

我們從年紀越長，越帶有莫名魅力的人，或一直保有某種光環的人身上，都能感受到迷人之處。這種魅力絕不是有一輛好車，或一張美麗的臉孔就會擁有的，而是從「內在美」而來的。若不是那個人就不存在，這就是本質真正的力量與深度。

上了年紀之後的自信，就是擁有能「接受自己就是這樣」的力量。

舉凡是沒出息的我、作得好的我、被開除的我、升遷的我，都能用同樣的標準去看待所有的自己，並且給予相信和支持，這就是真正意義上的自信心。

第3章

今天的我也正在變得更好

透過休息好好款待自己

哲學家韓兵哲先生將現代社會稱為「自我壓榨」的社會，他一語道破了工作狂的本質，好像沒有比這更貼切的表現了。真不愧是哲學人的敏銳觀察力。

工作狂是和休息與否有關係的。現代人之所以無法休息，不是因為沒時間休息，或者不知道該怎麼休息。只是因為一直不停前進，到了無法容許心靈休憩片刻的地步而已。

「一天有二十四小時都不夠。」這種抱怨不只韓國社會有，可以說所有的現代人都被時間壓榨也不為過。不分男女老少，每個人都忙於追逐時間。一整天四處奔走，不管有多努力，事情都作不完，也沒辦法好好玩樂，，然後一個禮拜就這樣過了，最後一年也就這樣過去了。

有一天，我們會突然像這樣反問自己：「為什麼我活得這麼匆忙呢？」然而，根據時間管理專家的報告指出，我們並不是因為忙得沒時間而不能休息，真正的問題是，就算我們擁有充足的閒暇時間，自己也不會發現。

我們的身心被工作帶來的壓力和不安壓抑著，誤以為自己連一刻都不能休息，這樣的錯誤判斷造成了所謂的「虛忙」。

所以「因為太忙，所以不能做什麼什麼」可能只是藉口也說不定。諷刺的是，最忙的人，才反而可能是擁有最多時間的人。

週末加班的人無法養成的關鍵習慣

我只要一有機會就想跟大家分享，不是分享休息的方法，而是分享如何允許心靈也好好得到休息。

大部分的工作狂會分成幾種常見的類型，其中最具代表性的就是完美主義。

這些人大多比較自戀，渴望別人的認同，對自己的期望超乎水準之上。即使不用人鞭策，也會自我管束而不願休息。因為過度追求完美，反而造成壓力，讓工作很難有進展，諷刺地造成懶散或拖延的狀態。

我想提供給這些人的訣竅，就是迅速的決策。仔細分析就會發現，不管是什麼事情，解決最關鍵的部分其實不會花很多時間。明明是只要下定決心，就能在一瞬間完成的事情，卻因為戰戰兢兢，或者不小心掉入完美主義的圈套之中，才會在出發前花了太多時間而已。

想被認同的慾望越強，就會承受越大的壓力，開始做某件事之前就會變得過度小心翼翼。把像這樣一邊承受壓力，一邊工作的人，拿來跟看起來總是不慌不忙，有適度休息卻仍舊表現很好的人作比較，就會發現越接近後者的人，決策速度就越快。

開始的時間點越早，就越有時間專注在正題上，如此便可以把結尾的時間提前，工作的完成度自然也就提高了。

也就是說，避免拖延決策的時間，就能確保你擁有更多「正題的時間」來提高作業的品質。這就是連週末都獻給公司的人無法養成的關鍵習慣。

每個禮拜擁有一天自私的權利

從精神分析的角度來看，另一種工作狂的類型跟所謂的「好人情結」有關。雖然聽起來可能有點陌生，但身為一個精神科醫生，這是我想深入討論的類型。我把它稱為「Moral Masochist」，或稱「關係依存型工作狂」。

仔細觀察這種類型的人，會發現比起對自己而言，他們對公司、家庭、人際等周圍的關係會更積極奉獻。無論遇到什麼都會退讓，辛苦的事情也自己一個人承擔。這種類型的工作狂雖然很辛苦，但也是可以獲得許多讚美和喜愛的方法，因此有必要和其他類型作出區分。

某天，精力充沛地任職於廣告公司的善珠來我這裡諮商。廣告這份工作本來就極度繁重，簡直像星期一開始，星期一結束一樣。再加上老公個性嬌生慣養，還得照顧娘家的家人，讓她忙到甚至沒發現自己得了癌症。

只不過壓倒她的最後一根稻草，並不是癌症，而是娘家家人的冷漠態度。聽到她得了癌症，家人只說了：「生病是自己痛苦。」之後就連一通電話都沒有打來關心。當有需要的時候一直連絡善珠，但換成善珠真的生病的時候，卻毫無聯繫。遭受這種對待，善珠的心都碎了。

如果不得不成為家中的支柱，在這樣的角色中建立起自尊，並且可以得到安穩感的話，我是不會有意見的。因為讓周圍的人幸福，從中獲得滿足，也有其意義和價值。不過得稍微機靈一點才行，與其任何時候都不停地拚命努力，不如給自己一個禮拜一天自私的權利吧。

我也是人，當然會有自己想要作的事，會有想要休息的時候。不要因為那個人是自己，就覺得不去在意也沒關係。既然為了要照顧家人、守護同事，必須成為「塔台」般的存在，那當對象換成是「自己」的時候，也應該重視自我的需求。

既然扮演了這麼重要的角色，也應該得到相應的慰勞不是嗎？所以從現在開始，就把系統從「自我壓榨」轉換成「自我慰勞」吧。

為了成功完成這種轉換，便需要學著練習把自己擺在第一位。

把休息時間刻意加入生活中吧

工作狂這種症狀，難道只有每天去同個地方上班的上班族才會有嗎？使用社群網站、Youtube、部落格等媒體創業的一人工作者，還有專職主婦、自由工作者等各種型態的勞工，就不會是工作狂嗎？

雖然他們也是正正當當有工作的勞工，但因為沒有上下班，所以某種層面上很難被周圍的人完全理解。像這樣休息與工作的界線比較模糊的人，如果沒有刻意把休息加進生活，就會連稍微放鬆一下都很困難。

如果一直持續這種狀態，到了四十歲後半之後，十之八九都會變成一副病懨懨的樣子。因為身體在過去這段期間努力地燃燒過了，時候到了就該還債了。

我們常對工作狂說：「為什麼要這麼放不下工作啊」、「把身體搞成這樣要作什麼」，擅自為他們作出判斷，但他們正專注在工作上時，無論什麼話都聽不進去。所以身體才會出現警訊，一但身體勞動過度，表示心靈也已經過勞了。在最嚴重的警告一擁而上之前，應該先訓練能感知微小警訊的能力。

不管是讀書，或被前輩嚴詞指正的時候，都要隨時練習如何喘一口氣，才能在工作之餘加入「休息」。尤其是工作時間沒有起點，沒有終點的人，可以自己訂定午餐、休息時間的計畫表，再認真實踐，對生活會有很大幫助。

一天放鬆十分鐘，用來守護自己的時間

神經細胞需要交互維持適當的緊張與舒緩，才能使其維持在健康的強度。如果連這種原理都不知道，只一味追求完美、一心只想滿足被肯定的慾望，那等於是被神經質的理論蒙蔽了。

這是多無知的一件事啊！即使為了跑得更久一點，也應該擁有「休息的時間與空間」。方法如下：一天至少十分鐘，不管發生了什麼事，都徹底讓自己回歸自我。雖然感覺是極為短暫的一段時間，但假如整個十分鐘可以把全身的力氣放掉，放鬆地坐在扶手椅上休息，就能體會到截然不同的全新感受。只要像這樣持續一個禮拜，「休息」就會回到你的生活中。

一位三十多歲的男性患者告訴我，他平常連上廁所的時間、吃飯的時間，還有在斑馬線前等紅綠燈的時間都覺得浪費。但在看到他非常尊敬的前輩得了胃癌，離職回了老家之後，想法就改變了。

去上廁所的時候，想成自己有權利「盡情把該上的上完」，站在斑馬線前面時，就會用「為了自己連這點時間都等不了嗎」來安撫急躁的心情。雖然不像去看一直很想擁有的車那樣令人雀躍，但固定為自己空下十分鐘、三十分鐘左右的時間，心情便會豁然開朗起來。

我也開始試著一天沉默三分鐘，靜靜閉上眼睛，在那段時間之內把雜念清空。

開始實踐之後，會發現三分鐘其實絕對不算短，接著便可以感受到心變得沉靜、放鬆下來。

開始一天的工作之前，不要一坐到書桌前就急急忙忙開始做事，即使只有一分鐘也可以，先閉上眼睛進行冥想，之後再沉穩地開始工作，這對集中力而言會有很大的不同。

大文豪寫的文章裡，連逗號也是藝術，而人生中的逗號也一樣完整了人生。休息與否並非是選擇的問題，而是一種生存的問題。所以，不要再對休息和玩樂的時間抱有罪惡感了。

變得普通，可不是件簡單的事

智慧在還不懂事的年紀，曾經口口聲聲喊著絕對不要活得跟媽媽一樣。

小時候，她看著媽媽的人生，覺得媽媽過的盡是狗屁倒灶的生活。在鄉下好不容易讀完了小學，嫁入農家作為長媳，一輩子都在照顧三個弟妹、丈夫，侍奉婆婆，甚至還有夫家的小叔小姑。看到簡直像連續劇主角一樣遭受許多困難、刻苦度日的媽媽，她在心底下定了決心：「我絕對不要過那種破爛的日子」。

然而，在幫媽媽過完七十歲生日之後，智慧的想法完全不一樣了。子女們都長大成人，還有孫子、孫女，一起變老的小叔和小姑，看見被一家親戚真心敬重和祝賀的媽媽，第一次覺得媽媽非常了不起。

智慧直到當了兩個小孩的媽媽之後才深刻地感受到，一個卑微的小女子撐起一個家庭，到現在依然站在一家中心，是一件多麼了不起的事。「不要過得像媽媽一樣」的念頭，在一瞬間就變成「能過得像媽媽那樣就好了」。

「雖然以前更年輕、更漂亮，也很會賺錢，但我還是很喜歡現在。而且現在已經不想再活得很特別了，想跟別人一樣，平凡地跟一個人生活在同一個家裡。」這是兩年前，演員崔江姬小姐在「我獨自生活」節目中說的話。因為是長久以來過著耀眼生活的人所訴說的心聲，讓人更有感觸。

像她一樣年紀漸長，到了某個時刻，「渴望活得平凡」的念頭就會像「渴望變得特別」一樣與日漸增。當然並不是說「渴望變得不凡」的念頭就消失或變小了，想變成耀眼星星的渴望，唯有在真正實現以後才可能消失。但是上了年紀以後，其實每個人都會開始看見從前不知道的「平凡」的特別之處。

「我也可以像媽媽一樣過好這輩子嗎？」看著這樣問的智慧，我不禁想著所有女兒的目標，也許就是母親也說不定。所以如果要我舉出「平凡」的象徵，我會毫不猶豫地回答「母親」。

都說到這個份上了，你還是有點無法認同嗎？那麼，等年紀再長一點之後，希望你再好好想一想。因為要能重新發現平凡的偉大之處，畢竟還是需要一定年紀的。

我不是那種「一般人」

現在這個時代，講一個人很平凡，總會有點 loser 的感覺。好像要有點不一樣、有點新的什麼，才會獲得認同。若是和平凡沾上了關係，會讓人不禁害怕連自己的身分都被抹滅。

最典型的例子就是青少年們做出的舉動，這種現象超越了時空，不分世代或國家，青少年們總是沉浸於和既有秩序相反的次文化當中。比方一九六〇年代，以美國舊金山的青少年世代為中心，延伸到全國的嬉皮文化。

從精神醫學的角度來看，那是一種保護裝置，用來保護自己還不夠牢固的本質，也是一種尋找自我本質的過渡期行動。

拒絕平凡的另一面，也有可能是對成功的強烈執著。朝著「絕不要平凡過一輩子」的目標奔馳的人，這些人相信必須更猛烈地求生、爬得更高、得到別人的認可，才算有意義的人生。對他們而言，不可能當那個平凡的「一般人」。

「我不是為了當一般人才出生的嘛。」一位三十歲出頭的女子這樣對我說。每當她沒辦法實現願望時，就會開始抱怨父母。雖然想要成功，但她相信是因為在成長過程中沒有得到父母的支援，才每次都被其他競爭者超越。她的心態是要用一次機會，補償過去的所有怨懟。

對於總是哀嘆一次的機會若沒有成功，就會變成平凡普通人的她，我請她回去仔細想想，有沒有小看了現在自己擁有的東西，而其中有什麼是對她而言絕對不能失去的。

只要好好研究一下那些平凡到難以形容、感覺太理所當然擁有的東西，便會帶來驚人的新發現——「原來我還擁有這些啊」。等到她年紀再長了一些，也許就會明白，現在自己寫下的紀錄正是生命的成果，甚至比那些閃亮的世俗成功要來得更加耀眼奪目。

就像二十歲時覺得很重要的東西，也許到了三十歲之後便褪色了；三十歲時賭上性命想完成的事情，到了四十歲可能就變成無用之物，或者不再那麼重要了。二、三十歲時可能一味談論著非凡的人生，但隨著時間過去，就會開始了解平凡人生所具有的真實感、還有深藏其中，沒被看見的原動力及值得尊敬之處。所以很多書才會勸人培養「向前遠眺，並做出選擇的能力」。

那麼平凡的人生究竟如何呢？不說四十歲，即使是到了七十歲之後，平凡的價值仍然會閃閃發光。比方說老夫妻在公園牽著手散步的樣子，相信每個人都曾想像過一次這樣的未來。這是一對夫妻一起健康地老去，才能完成的景象。

平凡是唯一不會因為年華老去折舊，反而會更有價值的東西。

平凡哲學的力量

每個人都有自己的人生歷練。這並非是只有成功、不凡的人才擁有的東西。而這所謂的歷練，本身就很美。只是因為平凡所以不為人知，因為太理所當然而沒有意識到罷了，像螞蟻一般默默工作，期盼著明天，就是人類存在的理由。

從遠處看人生，乍看之下可能很了不起，但打開門靜靜走進去，大部分都是五十步笑百步而已，每個人都在相似的人生車輪中生活著。從這個角度來看，所謂的生命一開始就是平凡的，而不凡則是近似虛構的東西。

人生的勝者不是夭折的天才，而是享盡了命數，邁向死亡的普通人。無論是原諒或愛，都得活著才有可能。如果離開這個世界之前，可以好好感謝生命到目前為止給予的成長機會，並且感謝、原諒活著的時候相遇的緣分，那麼這才算是貨真價實的一場人生，不是嗎？

生於捷克的小說家米蘭・昆德拉（Milan Kundera），在自己的小說《無謂的盛宴》中，曾描寫過不可避的「存在的無意義」。他說，無關緊要且不具意義便是存在的本質，而人們應該擁有承認生命無意義的勇氣，還要更進一步，學習愛上這樣的無意義。

就像智慧是從認知到自己的無知開始一樣，認知到「日常的無意義」之後，才朝真正的意義踏出了第一步。安靜而踏實地度過平凡的人生，從那樣的無意義中創造出意義，方才是生命的不凡之處。

這些討論多少聽來起會有點哲學，但在與他人比較而感到絕望之前，應該要懂得感謝已經擁有許多的人生，也要懂得一日三餐的平凡人生，跟累積了偉大成就的人生相比並非微不足道。光憑這樣，你的日常也就充分有意義了。

能跟自己獨處，才能和別人一起快樂

齋藤孝的《孤獨的力量》一書中，把對自己抱持期待的力量稱為「自期力」。我對這本書印象最深刻的章節，是自期力很高的人對彼此不會產生尷尬感，比總是一股腦兒聚在一起的團體更加健康。

一群人聚在一起，帶有聊天室性質的相聚，與其說有建設性的目標，不如說更接近希望「看起來不寂寞」而已。根據齋藤孝的論點，他認為這種類型的聚會，是藉由互相安撫彼此「我們這樣還不錯啊」所維持的，只不過是種自我安慰而已。

當然，透過這種聚會打破沉默，紓解壓力是件不錯的事。但是若為了維持這個聚會的「我們」，而讓「我」窒息的話，就有必要再好好考慮一下。

那麼，為什麼懂得獨處的人們相聚在一起，就不會感覺怪怪的呢？這是因為獨處的時間有帶來正面力量的關係。可以獨處的能力，指的就是不會感到孤獨或畏縮，能夠真正享受獨自一人的能力。這需要心中已經安穩地有一個愛著自己、支持自己的內在，才有可能做到。

從這層意義上來看，唯有懂得如何欣然面對自我的人，才能夠跟他人維持安定的關係。因為只有不會想要佔有對方、不過於執著，才能夠一起分享與相愛。

該如何享有獨處的時間呢？

然而，要徹底享有「一個人的時間」並不是件簡單的事。這也是得經過無數的嘗試與失敗之後，才能學會的事。

首先，與其訂下目標要「培養獨處能力」，應該先關注能讓這個目標順利實現的「環境條件」。為了實現獨處的時間，先在各個地方放置能讓自己想要一個人待著的「有效裝置」比較好。比方說分出與外界阻隔，專屬自己的有趣時間。

各位一定都有好不容易洗了車，或買了新衣服的時候，就會突然很想出門、跟親朋好友聯絡的經驗。其實乾淨的車和新衣服，就是能幫助達成「跟人見面」目標的「有效裝置」。

要擁有獨處時間的第二個方法，是訂出具體的活動，並且反覆進行。這方法連個性比較小心的人也能盡情發揮，即使到目前為止的人生都對挑戰比較消極，只要試過一次，就會覺得「值得一試」，信心也隨之增加。這樣的經驗可以讓下一次行動得以順利進行。所以，當你在尋覓獨處時間的活動時，希望各位可以倚靠過程中必定會經歷的「反覆的力量」。

培養獨處能力的第三個方法，是要了解獨自度過的時間，能讓人生的氣度提升多少。我們常常傾向把獨處的時間跟孤獨或寂寞連在一起，用負面的角度去看待。

如果說獨處的痛苦是寂寞，那麼獨處的快樂也許就是孤獨。一個人的時間裡會感到寂寞，那是因為體會到沒有對方的存在；另一方面，孤獨則是可以體會專注在自己身上的時間。

沒有辦法獨處的人，即使身旁有別人也一樣寂寞；能享受孤獨時光的人，就算身旁無人也不會寂寞。因為他們可以審視內在，徹底地專注投入打造真正的「自我」這件事。

獨處的時光是一種對人生的投資

講到一個人的時間，很多人容易聯想到靜態、跟生產力無關的「業餘活動」，但其實並非如此，正好相反。

據說獨處的時間究竟做了些什麼，可以決定一個人的未來。實際上，所有偉大的思想或作品，都可說是孤獨的產物。身在孤獨的正中央，讓他們得以培養自己的創造性想像力。從這個角度來看，獨處的時光便是一種對自我內在的投資。

但不是說一個人待著，就真正度過了屬於一個人的時間。我們雖然渴望擁有獨處的時間，卻不知道該如何真正地享有它。所以在那段時間裡，比起面對自我，反而更忙著做些其他的什麼。

獨處的時間對「經營關係」，也會有正面的影響。可以與自己獨處的人，在關係中不會過於依賴他人，所以能與周圍的人展開健康的交往。因為他們懂得適當維持關係中的距離，不會為對方帶來負擔。

可以獨處的人是真正能與自我產生連結的人，而唯獨這樣的人，才不會毀滅他人或讓人感到窒息，也才能維持健康的關係。從這點看來，去接受自己獨自一人的事實，並不表示排除與他人交往，反而能使親密的關係更加緊密。

強調獨處的時間，並不表示否認和他人共處的時間，而是說過去透過分工合作展現成果，度過了以關係為重的人生，現在則要漸漸開始把「獨處的時間」也放進人生重要位置的意思。

如果你現在的年紀在四十歲上下，那麼要不要試著把「一起的時間」慢慢換成「一個人的時間」呢？首先要能夠跟自己「好好」獨處，才能夠懂得如何與人相處，期許你能謹記在心。

替人生加入樂觀的方法

用相機拍照的時候，變焦的「Zoom」功能很方便。想拍近照，可以拉近（Zoom In）只拍臉，想把遠處的景色都照進來的話，只要拉遠（Zoom Out）就可以了。這個功能可以放大我們的視野，同樣地也能縮小，是個很棒的功能。

最近不管到世界上哪個地方，都可以透過 Google 地圖確認位置。只要用兩根手指頭在智慧型手機螢幕上操作，不管是很遠的地方還是很近的地點，都可以詳細觀看。

而曾經在飛機起飛時坐在窗邊朝下看過的人，大概會有以下的經驗。隨著高度越來越高，車子看起來越來越小，接著很快地連道路都消失了。自己住過的容身之地，就這樣瞬間變成一個小點了。

每天重複著相同生活的我們，總是連處理眼前的事情都快忙不過來。每天都得處理的事務、自己不經手的話，就無法有進度的各種業務；必須天天注意的人際關係和家族關係。這些事情忙著忙著，一天不知不覺就過了。然後不知不覺一個禮拜過了、再來不知不覺一年也瞬間到了尾聲，忙得昏頭轉向。只顧著看樹，沒有餘力欣賞整片森林的人生。

望遠鏡和顯微鏡對現代人而言早已是很熟悉的道具，但在十七世紀，望遠鏡和顯微鏡被發明的時候，那可是一件劃時代的大事。因為它們讓人們看見了就當時而言完全超乎想像的新世界。

不久之前，我偶然看了一部叫做《10的次方》（*Powers of Ten*）的紀錄短片。畫面從一對年輕男女在某個秋天下午，在芝加哥的湖畔野餐的場景開始。每十秒就會拉高十倍的高度，很快就延伸到廣闊的宇宙，眼睛才眨了幾下，兩個年輕人就從眼前消失了。然後再次回到地球，出現了一開始的畫面。

這次反過來每十秒就拉近十倍，從男生的手部肌膚進入身體，然後畫面不停經過活動的細胞，讓觀眾看見不停活動的原子運動的世界。

雖然是一場由二十世紀科學帶領的想像中的世界旅行，不過這部影片瞬間撼動了我的思考模式。在宏觀的世界和微觀的世界中，我們人類的位置在哪裡呢？

偶爾也得遠觀一下自己的人生

不要只從近的地方看待自己的人生，偶爾也試著從遠處眺望一下怎麼樣呢？我雖然不太運動，但偶爾也會看一下世界盃足球賽和UFC之類的格鬥比賽。

對背負著龐大壓力，連情感都被壓抑住的現代人而言，至少能代為紓解一點攻擊性的管道，就是運動了。運動的世界就像動物的世界一樣，沒有語言，一切用行動來說明。不存在欺騙和狡詐，只單純靠身體進行的競賽，似乎很有魅力。

看足球比賽，會發現每個選手都拚命地用盡全力奔跑，簡直就像此時此刻身在戰場一樣，觀賽的觀眾也會產生極度投入的感覺。然而使盡全力為比賽拚死拚活，比賽結束之後，贏家和輸家會互相握手致意，然後離開足球場。他們要再次回到現實之中，為下一場比賽作準備。簡直就跟相機拉遠拉近的功能一樣，等比賽一結束，投入的時間過去之後，又再次拉遠回到現實中。

其實我們都正投身於足球場般的世界，拚命爭鬥著。現代人總是一味看著前方，只被眼前的情況蒙蔽。不過就像可以放下足球比賽中一瞬間發生的狀況，重新回到現實世界裡一樣，我們也必須在某些時刻嘗試 Zoom Out。

雖然我們無時無刻都在名為人生的舞台上賣力演出，但仍需要 Zoom Out 的功能，才能看出其實每個時刻只佔整體人生中的一小部份。

當憂鬱和挫折的病毒侵門踏戶之時

人們總是一味看著前方拚命奔跑，之後在某一天，才突然發現並沒有實現自己原本想達到的。

雖然人們必須像這樣在成長被踩了煞車之後，才會開始回顧過去的日子，但如此一來只會湧上什麼都沒有實現的悔恨與挫折，還有對未來的恐懼而已。嚴重的話，還可能會失去自信，陷入失意之中。

這個時候，如果試著移開視線，站在人生的最後一刻俯瞰自己現在的生活，會怎麼樣呢？假如可以把汲汲營營只在意眼前的視線拉遠一點，觀察人生的全局，會不會就能更有智慧地、更寬容地度過現在呢？如果可以站在誰都無法避免的死亡之前，觀望現在的這個瞬間，一定可以重新認識這趟人生。

坐火車旅行的時候，從順向座位朝外看，和從逆向座位看的景色截然不同。順向的話，眼前的風景會一一消失，沒有辦法好好欣賞，但逆向的時候，景色會不斷展開，能享受更寬闊的視角。

拉丁文的「Momento Mori」，意思是「記住我們有一天會死」。我們每一個人如果都記得自己會在某天死去這件事，人生的意義便會開始變得截然不同。

其實觀察人類從出生到死亡的人生，跟早上起床，晚上進入夢鄉的日常沒有太大的不同。

我們每個人，都是某一天必須離開去某個地方的人。只要對這個事實抱有自覺，就能用更寬廣的視角去看待他人和這個世界。有一句話說「近距離的人生看起來很不幸，從遠處眺望卻很美麗」。近距離看可能以為很不一樣，但看整體的時候，卻都是一樣的。

如果現在憂鬱和挫折的病毒正在侵襲你，希望你可以試著站在人生最後的角度，好好觀望現在的「此刻」。

改變視角，試著把焦點拉遠一點，就會明白無論是過得好的、過得不好的，人們身上所背負的生命重量並沒有太大的差別。

當你忘記自己的珍貴價值，被困在眼前的世俗基準中的時候，如果可以把自己的視線拉遠，用跨越時空的角度看待人生，你就能用更加樂觀的態度面對現在的人生，也能更深刻地領悟現在的你和你身邊的人，究竟有多麼珍貴。

天主教鮑思高青少年教育內容中有這麼一句話：「人人都期盼擁有的樂觀人生，並非天生就能擁有，而必須經過教育和訓練才能學到。而喜悅，則是透過樂觀主義湧現的生命原動力。」

可以獨處的人是真正能與自我產生連結的人，而唯獨這樣的人，才不會毀滅他人或讓人感到窒息，也才能維持健康的關係。

興味盎然的人生需要體力的支持

我曾有段時間很嚮往擁有像大波斯菊般纖細而柔弱的身材，那個時候，能刺激男性們保護本能的女性，相較之下更受歡迎。

不過隨著時代變遷，美的基準也產生了很大的變化。並不是臉漂亮、瘦，就能成為美人，身材的比例也要好，還必須加入健康的美，才能被認可為健康的美女。男生們也是一有空就跑去健身房，熱衷於鍛鍊出均衡又健康的體態。

人們往往要等到失去之後，才會明白健康的珍貴之處。在生病之前，不曉得沒有生病是件多麼值得珍惜的事。到了醫院之後，才會切身感受到「原來有這麼多人生病啊」。

年輕的時候對健康幾乎毫無概念，因為那時候健康就像空氣一樣，太過理所當然，完全不會想到要對它寄予關心；年輕的時候只想著要為目標邁進，光忙著談戀愛和處理人際關係就沒時間了。

像這樣只看著前面過日子，不知不覺也過了三十幾歲，進入四十了。從我的經驗上來看，我覺得四十歲大概是身體最弱的時候，因為四十歲是人生中最被要求成就的時期。

在家庭中、職場上都漸漸被期待要擔負更多，不過生活仍然還沒辦法安定下來。所以只得把精神全都放在自己的處境和未來上面，忽略了健康。結果有一天，卻突然發現自己有高脂血症、高血壓、脂肪肝，或者被檢查出胃癌、乳癌等嚴重的致命疾病。到了這時候，才明白之前有多麼不注重健康，對自己的身體有多麼隨便。

生病之後就會知道，錢、名譽是多麼一無是處的東西，以及現在已經到了需要好好守護自己、管好自己的時候了。

忙著長大而忘記的「兩個關鍵」

過去一直以來忙著讓自己成長，忘記了構成生命的兩個基本核心價值。第一，是深陷於生命的重量之中，忘卻了赤子之心；第二，則是忽略了身體的重要性。

我們長成大人之後，因為變得過於嚴肅，把小時候曾享受過的遊戲的樂趣忘得一乾二淨。而以大人的身份活著，過於偏重思考的話，就會忘記自己的身體也是一個生命體。

人類理論上來說是思考的動物，但同時也是需要呼吸、擁有肉體的動物，我們忽略了這個過於理所當然的事實。

生命的本質是健康的身體、輕鬆玩樂，還有生活的樂趣。從現在開始，必須找回過去錯過的這趟人生的本質。用輕鬆代替嚴肅，用感性代替過多的理論；找回身體健康，用安心代替心中多餘的操心。

以往的日子為了生存而太過忙碌，讓壓力變成了生活的一部分。所以即使得到休息時間，也不曉得該怎麼好好休息，只是每一天都用適應壓力的生存模式度過而已。從現在起，你要訓練自己不要衝得太快，其中最應該先開始的是「對待自己身體的態度」。

如果你過去把健康管理放在優先順序的最後，現在就應該把它移到人生最前面的位置，如此一來才能讓自己按照理想的方式持續成長。

培養體力就是培養人際關係

無論是運動選手或是鋼琴家，都很重視基本技術。沒有基本技術的人，雖然可能暫時受到關注，卻不可能成為真正的巨星。所以，他們在基礎訓練與練習基本動作上投注了無數的時間。

基本技術就是如此地絕對，而人生中的基本技，便是體力。沒有體力的話，什麼都作不了。沒有體力，就不能進行有趣的挑戰，也無法時常保持愉快。

惠善付出了很大的代價，才了解到以上的道理。她換工作到大企業之後，為了兼顧育兒和工作搞壞了身體，自己卻沒發現。在兩年前，她被檢查出得到甲狀腺癌，而她人生的優先順序也以此為契機完全顛覆了。不僅以健康第一為前提，讓全家人改正生活習慣，還放棄了原本計畫要讀的研究所，工作也暫時留職停薪。

惠善笑著說：「我覺得健康比學歷或經歷來得更重要，所以最近晚上九點就睡了。孩子們發現九點一到，媽媽就會從客廳消失，所以他們都叫我『灰姑娘媽媽』。」其實是因為超過晚上九點，惠善的體力就差不多消耗完了，這時候如果家人跟她講話，或者請她幫忙作什麼事的話，她就會變身成暴躁的妻子，或者很兇的媽媽。所以為了維持家庭和平，不得不選擇早一點上床睡覺。

想必惠善也會有責怪自己體力怎麼那麼差的時候。為慢性疲勞症侯群所苦的人，時常會覺得食物不好吃，睡也睡不好，生活沒什麼動力。面對周遭的人際關係，也只覺得疲憊，不覺得有趣。

世上沒有比身體更誠實的東西了。餓了一餐、一夜沒睡，我們的身體就會迅速疲乏。唯有健康的飲食、健康的睡眠，還有規律的運動，才能確實守住自己的根基。

用運動存下健康

在人生中遇到挫折，想要重新站起來的話，便需要心理上的彈性，也就是要擁有恢復的彈性才行。身體也是一樣的，必須具備無論何時都能啟動的恢復力。要擁有這種彈性，方法就是持之以恆的運動。

就像睡眠時身體會重啟（Rebooting）一樣，運動也能增進身體的復原力。除了心理成長以外，鍛鍊身體也必須是成長中很重要的一部分，其原因就在這裡。

人生的基礎上有健康和體力支持的人，必定可以變得更快樂（Happier）。透過運動讓體力變好，自尊心也會自然而然隨之提升。常聽到人家說自尊心是從身體發出來的，這可不是誇大。

不管游泳、去健身房，或者簡單地散個步，每天持續做下去，運動便能夠療癒你的身心。這種讓人愉悅的心情累積了一天、兩天、一個月，甚至一年，便會成為你相當大的支柱。

當別人還在疲乏無力，忙著跑醫院的時候，你卻可以靠著過去累積下來的「健康存款」，過著有滋有味的生活。哪裡還有這麼好的投資呢？也不需要作多厲害的運動，只要從馬上可以讓身體變得放鬆的事開始，就能體會讓自己顯得更帥氣、對每件事情變得更加積極的感覺。

精神分析學家西格蒙德・佛洛伊德（Sigmund Freud）將「自我」（Ego）中的第一項稱為「身體自我」（Body-ego）。所以說，在眾多愛自己的方式之中，沒有任何方法比得上健康管理。

種下一顆讓自己重新奔跑的種子

「國際市場」是創下二〇一四年韓國最賣座紀錄的一部電影。

從韓戰（又稱六二五戰爭）正熱的一九五〇年十二月，南韓軍和美軍的「興南撤退行動」開始，這部電影刻劃出一個為家人奉獻一生的男人，那充滿苦難與奮鬥的人生。

在擠滿無數難民的興南碼頭，少年德秀因為不小心放開了妹妹的手，不得不硬生生和爸爸及妹妹分開。失去了父親之後，他和家人逃到釜山避難，並在那裡落腳。對於什麼都沒有的他而言，唯一的寶物就是在興南碼頭分開時，爸爸留下的最後一句話：「不管發生什麼事，家長就是要把家人放在第一順位！從現在開始你就是家長了，一定要好好保護家人。」

德秀聽從父親的話，並為了守護媽媽和弟弟，決定當上派至西德的礦工，甚至去了越南戰地。歲月在不知不覺間流逝，他也成了佝僂著背、白髮蒼蒼的頑固老人。電影的最後，德秀告訴想像中的父親，自己一直堅持遵守著跟爸爸的約定。

我對這部電影印象最深刻的畫面，就是德秀要出發去越南之前，妻子英子向丈夫喊出的一句話——

「明明是你的人生，為什麼裡面沒有你！」

中年男子的不安

在以前的年代，要說父親們都背負著身為「一家之主」的壓力度過一生，其實並非誇大。那麼在社會、經濟都相對富庶的時代誕生、成長的現代三、四十歲男性們，就不一樣了嗎？

雖然這很令人惋惜，但他們的人生跟以前的世代好像也沒有太大的差別。

儘管兩性逐漸平等、雙薪家庭越來越多，但在大部分的家庭裡，負責打理家中生計仍然被歸在男性的職責之中。

在生活費、補習費、貸款、老人年金裡頭掙扎的他們，無論在職場、家庭都充滿不安。被經濟責任窮追猛打的家長們，只得在工作中埋頭苦幹。雖然也想實現和家人一起吃飯的「有晚餐的生活」，但現實可沒那麼容易。

一旦忽略了家庭，連在家都會有種受到無視的被剝奪感。他們在職場上受到無數的壓迫，因為自己身為家長，縮小了自己的人生。儘管如此，也沒有享受到過去世代所擁有的，身為家長的權威和被認同感。在戰地受盡摧殘後重回母國的父親們，過去能備受敬重，理直氣壯地在家中休息的那種「Home Sweet Home」氛圍，現在已經不存在了。

這個時代的男人們，無論在職場、在家裡，都有各自的壓力。所以男人們才討厭回家，並且感到孤獨。

韓國社會曾經有一段時間是全然的男尊女卑，但現在常常可以聽到人們對社會女尊男卑的現象感到不平。家庭的主導權已經掌握在妻子手上很久了，連想跟小孩聊個天都不容易。家長們只因為撫養了全家，就能隨意對家人發號施令、備受禮遇的時代，早就已經過去了。

隨著「愛家的爸爸」變成新一代的父親形象之後，現在的爸爸們也被要求必須分擔子女的教育和家事。雖然仍舊背負著撫養全家的重責大任，不過卻失去了原有的權威。

被這種「二律背反式」（Antinomies）的社會要求動搖的男性們，只得選擇漂流在工作和家庭之間，好像也是無可奈何的。六十年前的社會和二十一世紀的社會，自然很不一樣，他們現在還在適應這種急遽的環境變化。

怕顯得太軟弱而藏起情緒的男人們

對男人來說，工作可能是自己存在的理由，也可能就是自己的本質。然而即使為公司犧牲奉獻，公司也沒辦法成為你的人生。

同樣地，如果你認為自己是組織的一員，那麼也需要抱持著「我」是一個職業人士的概念。因為生活在最近這種雇傭焦慮的時代，不適合把期待全放在一個組織上。透過「某個人需要我」來確認自己擁有職業人士的力量，會是比較有智慧的。

男人也不需要被男人「要堅強」，或者男人「不能哭」等強烈偏見所奴役。一般來說，男性對於讀取情緒和溝通比較遲鈍，因為他們從小開始就沒有處理情緒的經驗。然而男性也像所有的其他人一樣，想要受到關注、想要被愛。不是因為他們擅長不表現出情緒，而是因為擔心顯得很軟弱，所以害怕表現出來。

所以對二十一世紀的男性來說，大男人主義讓人感覺不便，強烈的陽剛之氣，現在只變成困住自己的枷鎖和牢籠而已。

無論任何人，都是軟弱且具有依賴性的，沒有必要去否認這點。男性當然也會在中年之後會進入更年期，因此不要忽視正在改變中的身體和心理狀態，要適時表達並與人分享。

和家人的溝通也是一樣，跟子女、妻子間的情感交流並不是某一天就會突然發生，必須把分享的生活變成習慣才行。

你應該也要對自己身為「某某某」的人生抱持著愛意。怎麼可以過著只專注工作，卻和家人關係疏離的生活呢？不能變成只懂得對組織忠誠，除了跟工作有關的人際關係之外，沒有可以訴說的朋友，不能變成這麼孤獨的人。

女人，我也找不到我自己

已婚的女性，獨自背負著育兒的孤獨和身為主婦的龐大壓力，這些都被冠上了以「母愛」為名的枷鎖。簡直就像被倒吊起來，不得不拚命死撐下去的情況一樣。尤其大韓民國的女性們更是如此。

「站在我的立場應該要這樣作，但社會卻不認同」，男人們會像這樣煩惱自己在社會中扮演的角色，而女人們無論有沒有去上班，都會被母性的角色設定所限制，遇到各式各樣的煩惱。有可能會為女人味感到煩惱，或者對社會生活和育兒感到擔憂。只要沒有把孩子全職交給別人帶，成為媽媽這件事，也就等於必須放棄自我。

對女性而言，有一個時期會強烈感受到自己和小孩是一體的。是一種「這個孩子的人生裡只有我啊」、「沒有我的話，這個孩子可能活不下去」的強烈連結感。這種充實和緊密連結的感受，會變成幸福的源泉，為一個母親帶來自我滿足感，讓她們得以戰勝育兒的孤寂。

但不知不覺，到了孩子們長大要離開自己的時候，才發現自己必須放下對子女依依不捨的執著。要收回自己對孩子們強烈的情緒投資，是一件非常不容易的事。媽媽們在那個過程中，不可避免地一定會經歷失落和悲傷的感覺。

不過，所謂只剩下「空巢」這件事，並不一定會帶來痛苦。因為那也表示你終於可以把過去重重壓在肩膀上的育兒壓力，從肩上卸下來了。

放下育兒壓力的女人們，現在終於不用只是誰的媽媽、誰的妻子，而是可以重新作為擁有自己姓名的人，有了可以重新找回自己的時間了。

重新找回自己的名字

不過，在某一天突然失去了的「自己的名字」，不一定會自己回來。在過去扮演各種角色，忙得喘不過氣的日子裡，只有先為自己種下小小種子的人，才能再次把「我」給找回來。

某位家庭主婦，原本不知道自己有料理的才能，但在幫孩子們作便當的過程中，終於發現了自己的才華。這件事漸漸在她周圍傳開，越來越有名之後，她最終用本人的名字開設了料理課程。

原本當成興趣作的事情，在子女長大、或從公司退休之後，再全心鑽研，最後得到很棒的結果，這種例子也不少。這是不只把興趣當成單純的休閒活動，而將其擴展為事業，發展出一個收入來源的好例子。

這種人，就是不管遇到什麼情況，都會先開始「為了發芽而努力」的人。

所謂「發芽」就是指不放棄「自我」，即使是很小的種子，也懂得要先栽下的努力。為了即將到來的人生新篇章，得仔細留意什麼是自己喜歡而能真正愛上的事，而且別只是把它放在腦中，要實際踏出第一步。

不如就從今天開始，嘗試一點一點慢慢培養吧？

生命的本質是健康的身體、輕鬆玩樂，還有生活的樂趣。從現在開始，必須找回過去錯過的這趟人生的本質。

用輕鬆代替嚴肅，用感性代替過多的理論；找回身體健康，用安心代替心中多餘的操心。

第4章

把你自己放在所有關係的中心

不是最重要的，就斷然捨去吧

現代社會把「忙碌」的價值，看得太重了。

人們將浪費時間視為罪惡，被無論如何都應該認真為生活奔波的價值觀所洗腦。因為活得很忙碌、總是奔波著的人，看起好像正在認真實現著些什麼。即使已經如此認真生活，到了一天即將結束的時刻，還是會自責「該做的事都沒做」。

然而，忙碌就真的是正確，悠閒就是錯誤的事嗎？回頭一看，才發現連我自己都陷入了「必須忙碌」的錯覺之中。

抱怨一天只有二十四小時的日子、一次想完成很多件事而疲憊不堪的日子、無法拒絕別人的請託，被人情、感情勒索而掙扎萬分的日子，這樣的日子不斷反覆持續著，換句話說就是被各種事物追逐的人生。

凡事想要做到最好的態度，雖然是很重要的品德，但「最好」這個詞裡，其實藏著魅惑的陷阱。我也是曾經不懂這個道理而為之奔忙的人，經歷過後才發現，實際上那是一種「認知錯誤」。

這世上不知道有多少跟我一樣想法的人呢？雖然各位可能為了盡力做好每件事而奔走至今，但從現在開始，我打算提出「忙碌是不好的」的反論。

由於我是一名小兒精神科醫生，在臨床上曾看過許多注意力不足過動症的兒童。最近也有許多患有注意力不足障礙的成人會前來看診，我在這些患者身上發現的共同點，就是他們的智力雖然很高，不過卻患有學習障礙，或者在公司被認為是無法把事情做好的無能員工。

他們的特徵是在資訊過濾（Filtering）上有問題，換句話說，就是從獲得的資訊中區分需要和不需要的能力明顯低落，無法掌握資訊的優先順序。為了反應所有的外部刺激，注意力變得散漫，無法專注於某件事情上，導致在學業或工作上的生產性明顯不佳。

看到他們無法好好發揮自己能力的樣子，總覺得很可惜。不過最重要的是，我們的人生和他們的其實並沒有不同。我們並不知道，自己究竟在多麼不必要的事上消耗了精力。

要輕，才走得遠

沒有人可以把所有事都做得十全十美，如果不先訂好自己人生的優先順序，就只能被別人決定了。

一天二十四小時中，扣掉睡覺的七至八個小時，還有吃飯、洗澡、工作，跟家人、朋友互動的六至八個小時，大概就只剩八至十個小時了。這八至十個小時之間，能自信地說自己完全專注於工作的人，究竟有多少呢？

不知不覺被繁雜的事物和關係糾纏，浪費了一天的我們，就像患有注意力不足障礙的小孩一樣。雖然每天都努力到精力枯竭的程度，盡量做到最好，但生產性卻降到谷底，離幸福也遠遠的。

人生的智慧在於拋下不重要的事物，雖然生命中會發生無數的事件，但大部分都微不足道，真正重要的事也許只有極少數而已。現在我們所需要的是，專注於那「本質上的少數」。

像對注意力不足障礙的小孩要求的一樣，在這麼多事物與人際關係中，我們要學會區分真正重要的一小部分。現在到了你該為人生剪枝的時候了，為了讓自己走得更遠，就要讓包袱變得更輕。越是輕盈，就越能對人生核心的選擇更加專注。

剪枝的第一件事，是捨棄。日本知名的整理專家近藤麻理惠說，太久沒有經手過的東西，就表示它對自己而言已經是不需要的東西，所以應該丟棄。照著她說的丟掉之後，才驚人地發現自己原來擁有這麼寬敞的空間。原本毫無章法地堆放著物品的地方，現在則是被清爽的空氣和空間填滿了。

這正是所謂空間的幸福，也是我們能感到幸福的秘訣。無論是誰都曾經歷過緊湊的日程、緻密的人際關係所帶來的壓力、負擔與緊繃感。所以不只物理上的空間，在人際關係、時間管理、情緒管理等領域中，也同樣應該採用近藤麻理惠的建議。

防止時間滲漏的時間家計簿

絕大多數現代人都活在被時間追逐的 Time Poor 人生中，即使以一天二十四小時來分也不夠，還把時間的單位再細分成小時和分，拚命奔走。儘管如此，卻還是覺得時間不夠。

到底要怎樣才能從這種 Time Poor 人生，走向 Time Rich 的人生呢？難道沒有脫離時間強迫症的方法嗎？

精神醫學上的強迫症，是限於「念頭」、「想法」範圍裡的病症。而對時間的強迫症，也可能是種相信「時間不夠」的認知陷阱。

這和花錢非常相似，感覺好像沒花多少，卻每天都為金錢所苦。其實只要寫在記帳簿上，明細就能一目了然，所以我想到可以製作所謂的「時間記帳簿」。

只要嘗試記錄時間記帳簿，就會發現原本以為一天十小時都被工作纏身，但其實真正埋頭於工作的時間還不到四個小時。也就是說，不是真的忙到沒時間而疲憊，只是因為覺得自己很忙的「既定認知」，讓自己的態度不夠沉穩而變得散漫不已。

就像我們可以透過記帳獲得智慧，整理不必要的支出、只買絕對必要的東西一樣，我們也應該了解自己運用時間的方式，必須好好整理過去手足無措、亂成一團的時間。

只要整理出被無謂消耗的時間，嘗試專注在所選擇的少數上，就能創造出讓自己好好休息的悠閒時光。

不被牽著走的情緒整理的力量

「人生中成就的大部分，都是被我了解的人和了解我的人所決定的。」這句話並非言過其實。

「和我一起」的人是極其重要的，舉凡是堆在書桌上的名片、存在手機裡的無數個號碼、透過社群網站互動的網路友人們等等，人們在人生中締結著各式各樣的緣分。只不過若是被無數的關係任意擺弄，便可能會感到虛脫與背叛感，彷彿真正的自我消失了。

人們之所以會依附於和他人的關係，可能是因為有依存的需求、想被愛的心情，還有無論何時都想被認可為一個善良的人的自戀之心。有些人會因為害怕自己隱藏起來的糟糕情緒被發現，反而矛盾地無法放棄關係。因為所有人類都是懦弱和脆弱的存在，所以總是會被關係所牽絆。

上了年紀之後，不是只有體力會被消耗，情緒也會一起消失。也有不少人會在應該好好藏起情緒的時候，瞬間被激怒，讓好不容易建立的關係毀於一旦。在小事上放了過多的情緒，會讓自己變得疲憊不堪，或是對他人冷嘲熱諷起來。看那些對他人投入過多感情的例子，很多都是比起關心對方，更在意對方是如何看待自己。被對方對自己的評價與觀點所束縛，使自己消耗了太多的感情。

整理不只是丟棄東西，而是要挑選什麼該留下的過程。人際關係也一樣，如果可以不用進行不必要的感情消耗，挑選最適合自己的對象，該是一件多棒的事啊。

雖然，整理情緒和整理東西不一樣，不是任何人都能輕易完成的。但是為了背負許多人際關係的自己，我們至少可以努力嘗試像剪枝一樣，將關係作個修剪，藉此創造出可供呼吸的空間。

比方說，我們可以不作為了怕傷害到別人的心，而把事情一股腦兒攬在身上的不智之舉。只要像這樣持續整理情緒，就能減少渴望被認同而犧牲自己目標或需求的狀況，也能不再被他人所牽動，便不會浪費了人生。

沒有愛恨交錯，就不是真正的關係

有一次我聽一位老母親抱怨，她有個患有二十年精神分裂症的兒子。她說：「要是我兒子得的是癌症還比較好，即便那樣會很累很想抱怨，但是至少也能嘗試動個真正的手術看看。」

曾得過心病的人都知道，這個世上最難以忍受的苦痛，就是心受了傷的時候。雖然我們也會因為工作或疾病而痛苦，不過實際上沒有什麼事會比心理的苦痛更能讓人們跌入地獄。

還有另外一個明確的事實，對任何人而言都難以啟齒的心理上的苦痛，大都來自於人際關係，而且還是來自最親近的關係。

所謂人生，就是關係。人類從誕生的瞬間一直到死去為止，都會在關係中生存。人要在身旁有別人的時候才能感到幸福，感到安定。雖然所謂的關係就像這樣既真實且珍貴，卻也沒有什麼比關係更能讓我們感到疲憊的了。

比起事業成功，在關係上要成功是件更加困難的事。如果可以變成人際關係的達人，該有多好呢？

如果某人發現關係中衍生的壓力及痛苦比幸福更多，那也許會乾脆選擇捨去關係。比起衝突，他們覺得一個人的孤獨更簡單一點。換句話說，這是一種即使身旁有別人會覺得很累，沒有人卻也覺得很疲憊的「關係無解」狀態。

所有關係，都會伴隨著衝突

「原本以為換了對象之後，我不安的情緒和關係就會變好。然而並沒有。」這是在十年間整理了八個朋友的鍾秀告訴我的。

所謂整理了八個朋友的意思，是指他換了八個對象。就像以為換了工作，就會從職場壓力中解脫一樣，我們也以為在關係中出了問題，只要換對象就能讓自己擺脫不安的情緒，但這是錯誤的想法。

這個世上並沒有什麼都不做就會很幸福的關係，幸福只是某些時刻暫時給予我們的感受而已。要是一直都很幸福，其實諷刺地意味著還沒有開始進入真正的關係。因為關係真正開始之後，必然會伴隨著衝突。

會有衝突、厭惡與愛等兩方情緒角力，才是告知關係成立的信號。所以沒有愛恨交錯的關係，就不是真正的關係。和某人陷入了戀愛關係，便會開始執念、期待、失望與挫折等，發生一連串的事件。即使是新生的嬰兒，要是吸不到媽媽的奶也會覺得挫折，所有親密的關係都是伴隨著痛苦而來的。

德國作家赫曼・赫塞曾說：「如果你厭惡某人，那表示你厭惡在那人心中的一部分的你。因為若不是我們自己的一部分，絕不會讓我們陷於混亂之中。」

跟有疑心病的老公們，經常會對於妻子的性解放感到擔憂一樣，我們容易將自己的感情投射到他人身上，並誤以為他人正將那種感情投向自己。

心這種未知的構造，會啟動許多防禦機制，越受傷的人就越不成熟，越可能會用最原始的防禦保護自己。他們把自己的一部分投射到他人身上，然後把投射的那一部份誤以為是他人，而非自己。

人們離我而去的原因是什麼呢？不想和我親近的理由又是什麼呢？其實這是因為，在別人這樣對待自己之前，你已經先對自己這樣做了。

在現在這種險惡的時代，要忍讓過活是件殘酷的事，對於傷害我的人更是如此。那麼假如像漢摩拉比法典的「以牙還牙、以眼還眼」一樣，把傷痕還給傷害我的人，對怨恨我的人還以怨恨，會怎麼樣呢？自我的分裂與攻擊會不斷重複。一旦被怨恨束縛，自己也只能跟著變得悲慘且不幸。

所以雖然很辛苦，但如果要斷開這種惡性循環的鎖鏈，方法就是要對對方或自己抱持著一顆惋惜的憐憫之心。等對他人的怨恨能夠變成憐憫之後，你就能從自我厭惡中解放出來。

現在該是跟自己和解的時候了

就像到了四十歲以後，健康問題會浮上水面，正式引起人們的注意一樣，人際關係中「跟自己的問題」也是如此。四十歲以前，如果因為和朋友、職場上司、戀人、家庭之間的問題而過度使用情緒的話，四十歲之後，跟自己的問題便會開始浮上水面。

因為過去的我總是充滿活力而開朗，但現在卻越來越無力然後陷入憂鬱，或是莫名其妙地憤怒起來。甚至會陌生地詫異「原來我身上還有這樣的一面啊？」過去總覺得是自己的問題，所以就稍微放任不管了，但現在問題就像洶湧的波濤般瞬間迎面襲來。

明珠是一個初戀失敗，錯過結婚時機的上班族。她在有點年紀之後才申請進修研究所，可是並不覺得特別有趣，對每件事都意興闌珊。她對職場生活看不順眼，聯誼也有點被動，覺得人生一點也不有趣，所以認為自己應該是得了憂鬱症。

憂鬱會用各種形式找上門來，而明珠的情況是暴怒和暴飲暴食。例如跟百貨公司店員小小的爭論會演變成吵架；原本想為了減肥省略早餐，卻因為吃了一小片零食，就覺得「我完了」，乾脆直接放棄那一整天。

明珠年輕的時候，代替做生意的雙親操持家務，簡直就是孝女的典範。她忙碌的父母甚至沒有發現哥哥對明珠家暴，甚至做出性騷擾的行為。明珠長大之後，即使遇到了喜歡的人，卻因為父母的反對，沒有辦法跟當時交往的男朋友結婚，度過了一段艱辛的時光。儘管如此，她還是進了家人期待的光鮮亮麗的職場，她的成就讓父母非常開心。

然而不知從何時開始，明珠發現自己總會找些讓自己顯得很淒涼的事來做。她將對父母的期待與失望、愛跟怨恨深藏在心中。明珠雖然會對別人顯露出憤怒，但實際上她對自己也很憤怒。

身上若有傷痕，等新肉長出來之後，便會很快消失。這是一種生理反應，即使不需要特別努力做些什麼，也會自然發生，是造物主所允許的治癒的過程。可是心裡的傷痕無法如此，心裡的傷痕並不會消失，會以憎惡、怨恨、憤怒、自我厭惡的形式停留在「此時此刻」的關係中，不斷地蠢蠢欲動。

雖然比任何人都還認真生活，明珠卻把自己現在的人生視為「什麼都不是的人生」。不僅家人、其他周圍的人都沒有照顧她的心情，明珠自己更是比任何人都容易把自己弄得「很狼狽」。

四十歲就表示，已經在這個嚴峻的世界認真進取了四十年之久。不管結果如何，到了這個時候都應該暫停一下，溫柔地告訴自己：「你這些年來真的盡力了。」好好慰勞一番才是。

現在也應該開始和自己和解，並且學習如何對自己抱有憐憫之心。我所說的憐憫，是要對自己的苦痛更加敏感的意思。

不應該抱有「反正是自己的困擾，即使了」的想法，而是應該要抱持像這樣關懷自己的心情，例如：「原來我真的很受傷啊，不應該假裝沒事，應該好好感受一下自己的痛處才是。」

現在，是時候該回頭看看被工作、小孩、家人，還有其他該做的事擠到最後的「自己」，稍微在舞台中心清出一個「自己的位置」了。

會有衝突、厭惡與愛等兩方情緒角力，才是告知關係成立的信號。所以沒有愛恨交錯的關係，就不是真正的關係。

仔細檢視自己的心，才不會任由關係擺布

最近周圍氾濫著各種療癒和治癒的訊息，但即使這些療癒的資訊一擁而上，我們還是一樣疼痛。

因為那些偉大的指引，對平凡的人來說實在位於太遙遠、太難行的高處了。在我們常聽到的句子裡，有一句是叫人要「淨心」。雖然我可能太妄下斷言，但我認為心是絕對沒辦法淨空的。

不管是內功多深厚的修行之人，他們的心中他們都還是存在著七情六慾。會有七情六慾的原因，就是因為他還活著。不要在意也是一樣，雖然有一本暢銷書的書名是《不去在意的技巧》，但人絕對不可能不在意，因為「在意」也是一種我還活著的信號。

在生活中，嘗試讓心淨空，還有試著不在意的努力都很可貴，但比這些更重要的是訓練「心的進行式肌肉」。而這訓練的第一步，就是要承認只要活著，就不可能把心淨空，或者讓自己不去在意。因為不管讓心變得多空，人心都會不停運作且持續產出。

那麼為了更了解心而努力，想明白在看不見的地方以莫大力量支配自己的作用，不是也很重要嗎？就像道士們歷經刻苦的修練，感知到心的變動一樣，當複雜的情緒一擁而上之時，如果可以先行感知，就可以透過客觀的態度，培養出能夠整理的力量。

明明知道是不對的事，卻重蹈覆轍的原因

精神醫學上所進行的心理訓練，也是從檢視自己不知不覺反覆進行的行動模式開始。人類雖然以為自己是由理論武裝出來的理性動物，其實卻意外地不理性。在想

法出現在腦海之前，身體和心就已經先開始行動了。

雖然提到溝通，就很容易聯想到說話或語言上的溝通，但其實我們在語言以前的層級上，便早已開始進行溝通了。就像小孩一樣不用話語，反而用身體或特定行為表現出來，便是以非語言的方式行動化的部分。只不過成長為大人之後，我們甚至來不及放棄，就失去了那些方法。

四十歲的載赫，因為憂鬱和失眠困擾來到我的診療室掛號。身為成功企業家父親的第一個兒子，在父親的權威壓制下，載赫總是感到戒慎恐懼，從來都沒有表示過一次自己的意見。

雖然在父親鞭策之下進了好大學，但他卻沒辦法好好讀完。入學之後就開始玩父親討厭的搖滾樂，又把生活搞得一團糟。在那之後一直違背父親的意思生活，現在已經是第十年了。

「如果你問我過去十年過得幸福嗎？其實並沒有。」經歷離婚，變成孤身一人的載赫，進了父親的公司開始學習工作。他覺得即使討厭，這裡還是自己該待的地方。

終於讓父親高興的載赫，也開始感到幸福，想著好歹也有盡點孝道了，體會到了安定感。

只不過即使很努力認真地學習，不知從何時開始，不合群的感覺和無力感又開始讓載赫感到困擾。好久不曾喝太多的他開始酗酒，隔天早上起床只覺得愧疚得想死。他在想要離職的念頭和對父親毫無幫助、又不知道可以做些什麼的自責中不斷痛苦徘徊。

小時候曾遭受身體、心靈家暴的英雅，在成長過程中同樣也一味順從，從來沒有違背過父母，整個人已經習慣總是靜靜地迎合別人的要求。結婚、懷孕、隔年又懷了第二個兒子，英雅的所有事情都遵從丈夫的決定，甚至要當雙薪夫妻也一樣是丈夫決定的。

沒有休息，不斷奔跑的人生雖然很辛苦，可是過去生活的時候從來都沒想過辛苦這件事。這時，英雅在公司的健康檢查中被檢查出異常，丈夫勸她要趕快接受詳細檢查，不過英雅總說工作很忙，又擔心剛進中學的兩個兒子功課，所以沒有時間去醫院，一直找藉口拖延。丈夫越勸，她就越是拖延檢查。

最後丈夫問她為什麼不聽話，忍不住爆發怒氣，英雅只是害怕得動彈不得，一句話也說不出口。

跟這兩個例子類似的情況仍然層出不窮。我們可以發現，不管是載赫或英雅，都持續過著相似的生活步調。兩個人都沒有意識到的某個事物，以非語言的形式反覆發生著。

載赫是被對父親的敵視和罪惡感所束縛，讓自己動彈不得；英雅則是就像以往一樣讓丈夫任意對待自己，卻以被動的態度攻擊著丈夫，同時也放棄了自己的身體。

治療要從了解心之所向開始

假如載赫或英雅有稍微發現自己心的方向，如果能對心的動力至少抱持一點好奇心，也許就能脫離因為一無所知而不斷反覆的惡性循環吧？那個時候，就是治療的起點。

這兩個人都因為無法好好去恨，或者去愛父母，導致心理的衝突讓自己變得無力，一旦接受並了解這點之後，就可以開始練習主導自己的心了。

所有事情都是訓練，最重要的是先試著開始看看。回想一下第一次學騎腳踏車的時候，一開始因為不安，連踩第一下都覺得害怕。我還記得，對像我這樣沒有運動神經的人來說，調整速度快慢真的是一件很困難的事。只不過練習之後我還是很快就熟悉起來，開始可以慢慢、接著更快一點、自由自在地享受騎腳踏車這件事了。

訓練如何了解自己的心，也是一樣的道理。比方說在調節情緒上有困難的人，他們除了忍耐（不去在意）和發洩（憤怒爆發）之外，不知道還有什麼別的解決辦法。或者他們會轉成絕對是自己的錯（壓抑）、一切事情都是自己的錯（投射），用極端的方式表現情緒。

然而，只要熟知心在無意識中所形塑的動力原理，像一邊調整力道一邊騎腳踏車一樣，就能嘗試巧妙地處理情緒。

我們的人生，總是在無數關係中感受著疲勞。每次遇到這種情況，不要被痛苦埋沒，而是要感受現在我的心在哪裡，至少要知道採取什麼行動，才能讓心變得舒緩一點，也才能解決問題。

被關係擺弄的人生，過到三十歲出頭就可以了。在那之後，就不能輸給關係所製造出來的情況，要讓自己轉變成努力找出解答的積極態度才行。最重要的是，如果無法主動去引導關係，那樣的人際關係最終就會牽制自己。

夫妻是得花一輩子完成的關係

對二十三歲的姸兒來說，或許需要的對象，是以下這種類型也說不定。

「雖然最近並不是不想交男朋友，但我只想有個約會對象（Date Mate），可以一起吃飯、週末一起去聽演唱會、有時候一起睡覺的男人。我和這個男人，不是非得要維持穩定關係。因為一旦開始交往以後，一定會有束縛、期待、失望之類的，要承擔這些覺得壓力很大。」

年輕的時候，人們可能會尋求在隨意交往中可以一起分享熱情和性慾的關係。然而過了二十歲，進入三十歲之後，就不會追求一時性的關係，反而會開始尋找想要共度一生的對象。

因為比起會帶來不安的不穩定關係，這時期更想要穩定關係能帶來的安定感。

不想只是單純的性伴侶，而會找可以共度一生、相互信任、互相依持的對象或伴侶。

名為愛情的泡沫

一對相愛的情侶還不太了解對方，就結婚了。因為愛情會蒙蔽雙眼，使人無法看清楚對方的本質。大概要不太了解對方，才能陷入戀愛，進而走到結婚這一步吧。

我們必須經歷愛恨交錯的各種情感光譜，才能看見對方坦誠相見的真實樣貌。所以人們才會感嘆結婚同住一個屋簷下之後，跟結婚前比起來根本是另一個人。其實那並不是人改變了，只是看見了過去沒看到的對方的真面目而已。

還是外人的時候，跟變成家庭成員後的差異其實非常巨大。還停留在外人時候的「他」，和走進我的領域裡頭的「他」，即便是同一個人，卻是截然不同的人。

愛一個人的時候，以為那份愛會永遠持續的念頭，只是自己編織而成的幻想而已。那份關係很難持續一生的事實，男女雙方都在結了婚之後馬上明白了。

會因為丈夫脫下來的一隻襪子勃然大怒的妻子，卻對別家的老公很親切；對因為育兒疲憊不堪的妻子毫無愛憐，卻對別的女人輕聲細語的丈夫。說著無法理解為何兩人會看上對方的夫婦，還有感嘆互相識人不明而邁入結婚的一對夫婦。

這些人是從什麼時候開始，變成這種很近又很遠的關係呢？

現在的你很遠

隨著朋友們一一邁入婚姻，珍熙對不斷重複的聯誼介紹也開始失去興趣了。在見到各式各樣的男性之後，感覺原本的擔憂似乎成了現實，也許世上根本就不存在自己理想中的人。

所以她下定決心，就算對眼前的男人沒有百分之百滿意，與其以老處女的身分活下去，倒不如還是先結婚比較好。

年紀很恰當，條件也沒有太大的問題，就乾脆決定結婚了。然而，現在已經結婚快五年了，她卻開始煩惱跟丈夫之間的關係。

即使結了婚，丈夫還是跟結婚前一樣，把週末時間都花在自己喜歡的汽車同好會上，三天兩頭就用公事當藉口，喝酒喝到半夜才回家。雖然有抱怨也有吵過架，但完全沒辦法找到解決的方法。雖說結了婚兩個人就成為一體，可是她卻仍然覺得非常孤單。養小孩也變成是她一個人的事，這份孤單也只能一個人承受。

這時，公司的同事演浩向珍熙示好，她動搖了。原本已經決定要共度一生，現在也不知道該如何挽回和丈夫的關係，讓她的心情錯綜複雜，非常痛苦。

她之所以會過得如此痛苦，並非因為有別的男人出現，而是因為夫妻之間無法溝通。如果沒有解決這個問題，只是讓時間不停流逝的話，也許日後丈夫可能會主動提出離婚也說不定。

「院長，五年也不是什麼很短的時間，可是為什麼我們沒辦法成為一體呢？」

「別說五年，就算一起生活了五十年，夫妻也還是要為了成為一體而努力啊。」就像我說的一樣，夫妻只是「住在一起的兩個人」，不管怎麼樣，丈夫不可能變成妻子，妻子也不可能變成丈夫。

無論是誰，都會習慣重複自己過去生活的方式。比起從對方的觀點看待自己，會習慣用自己的觀點決斷並評價對方。這是因為每個人生活的背景不同，過去成長過程中形成的心理紋路也不一樣的關係。所以必須經歷一輩子都向對方說明彼此的不同，並且相互接受的過程才行。

你還可以再次去愛嗎？

在一個屋簷下同甘共苦，生了兒子、女兒，共組美好家庭的夫妻中，其實有許多人早已處於「愛情的真空狀態」許久。雖然在別人眼中看來好像都很像樣，但其實只是表面像是夫妻而已。

六十歲出頭的再林因為公司破產，每天都過得很痛苦。他的公司被法院接管，而他自己則面臨必須處分全數私有財產的情況。

然而，比這更痛苦的是妻子過分的責備與精神上的虐待。他的妻子對於丈夫事業失敗，害自己必須放棄過去的高級生活，以及不得不放下那些「高階人脈」的事實感到憤怒。

「遇到這麼艱辛的狀況，身為伴侶不是應該要安慰和扶持丈夫嗎？」再林一邊嘆著氣一邊說。

到現在回過頭想想，再林當初只一心朝成功邁進，所以根本沒有好好和妻子進行夫妻之間的對話。自己只專心忙著外面的工作，妻子則另外經營自己獨立的生活，他們完全沒有想過自己的夫婦關係有什麼問題。

過去他們在別人眼中感覺就是對感情不錯的夫妻，總是跟有錢有勢的人交流互動，過著有質感的生活。現在，錢和名譽，當可以支持他們華麗婚姻生活的東西都消失之後，兩人的關係才露出了真面目。再林愛的並不是太太，而是「錢」這個獎盃，而太太愛的也不是丈夫，而是他一手打造的華麗「舞台」。

像他們這樣就是典型的完美櫥窗夫妻，缺乏真正的愛和情緒上的紐帶。就像新郎新娘的黑髮，會因為歲月流逝變得花白一樣，夫妻的關係也會隨著時間過去換上不同顏色的衣服。

女人結婚後成為母親，會有好一陣子都過著比起自己更加重視小孩的人生，丈夫很容易忽略妻子的關心，甚至也有人在妻子懷孕之後，就對妻子失去了性趣。當妻子正陷於母性的本能中時，丈夫們則正朝社會成就與爭取財富的路上邁進。

雖然大家會大聲唸出兩人是為愛結合，成為一體的結婚誓約。但結婚之後的某一刻起，便會沉浸於自己的生活方式中，開始留下跟彼此不同的生命軌跡。這時，夫妻的情感連結，便會亮起警示燈。

夫妻之間比起相偎相依的愛情，更注重義務和責任，或者比起關心、尊重對方，反而感到缺乏和疏離。尤其四十歲是所有義務最集中的時期，必定會為育兒和社會生活感到疲憊。這時正是夫妻容易對彼此感到失望的最危險的時期，夫妻間的關係並不會一直停在某個時期，而會不停朝著完全成熟的方向更進一步。

經歷了一起生養小孩的共同體關係，在面對人生的最後一個階段——死亡的過程之前，要一起走完剩下的旅途，也就是所謂的伴侶、同伴。就像紀伯倫（Kahlil Gibran）說的一樣，夫妻應該相愛，但不該成為愛的桎梏，要成為可以一起唱歌跳舞，並且尊重彼此獨自空間的那種關係。

夫妻之間要建立起深厚而持續的愛的關係，這是人們一生的功課。而這是每天一點點毅力和忍耐的無數結晶所形成的集合。為了避免迎來「夫妻之愛的真空狀態」，要相互照應，共同經營人生才行。

我們的人生中總是在無數關係中感受著疲勞。每次遇到這種情況，不要被痛苦埋沒，而是要感受現在自己的心在哪裡，至少要知道採取什麼行動，才能讓心舒緩一點，也才能解決問題。

能真正理解父母人生的時候，才能成長為大人

為了盡早從父親身邊離開獨立，過去的世昌總是一個人孤軍奮鬥著。一直到他四十八歲的時候，父親被診斷出大限將至，才開始努力想拉近關係。

過去交了兩任新媽媽的父親，對世昌而言曾是個用全身拒絕的對象。追溯世昌過去的經歷就可以充分明白，為了準備大學而在補習班過寄宿生活，即使成績很好，也因為跟父親爭吵而去唸地方大學。甚至在出國留學之後，為了不再回韓國而跟僑胞結了婚。

他的人生，可以說就是在「跟父親保持距離」。另一方面，世昌的父親則過著緊緊追在逃跑的兒子身後的人生。

世昌有將近三十年時間只在沒有父親的地方打轉，現在則要在父親只剩下最後

兩個月的日子裡，拉近彼此的距離。但他還是告訴我，可以在父親閉眼之前互相原諒，不知有多慶幸。

不只有世昌父子，要說不瞭解的話，其實每個家庭的父親和兒子都對彼此非常不瞭解。在子女的眼中，父親就是一個負起最多任務的大人。甚至從不曾好奇父親在何種環境長大、經歷了怎樣的生命歷程。

因為小的時候太過年輕不懂，而長大之後則為了過自己的人生，無暇去理解。我們總是太過汲汲營營於自己理所當然的人生，斷然放棄了解父母的時間。

無論何時，子女都只會以子女的眼光去看待父親，而父母也只會從父母的眼光去看待小孩。當然也應該存在著其他的樣子，但不知為何父母與子女之間，就很難再出現其他的模式。

只是因為一開始就是父親與兒子，其他的角色便被清除了。只用單一的視角看待彼此，自然很難把對方理解為一個整體的人。而脫離這種自我本位的視角，讓關係來到一個新的局面的時候，就稱為「轉捩點」。

試想一下父母去世之時

當轉捩點來臨之後，才可能以一個「人」的角度去看待父母。一旦看見從前老虎般的雙親垂下肩膀的樣子，子女便會感受到轉捩點的到來。如果是四十幾歲感受到的話，那還能在父母硬朗的時候為他們多做一點事，不過最近總說人們要晚十年才真正懂事，似乎要到五十歲之後才能感受到這種轉捩點。

看著最近三、四十歲的人，雖然是社會的支柱，但在家中比起一家之主，反而很多時候會感覺到這個世代仍然在經濟上、心理上依賴著父母。所以這種轉捩點對某些人來說，很難感同身受也說不定。然而只要先開始設想往後的五至十年，就能減少未來面對父母時感到後悔的機會。

為什麼要先設想五至十年之後的事呢？因為或許不久之後，父親應該要在的位置，或母親應該待的地方，他們人就不在了也說不定。

子女們容易犯的錯誤之一，是把「自己的五年後」和「父母的五年後」當成同一件事。就算父母沒有離開這個世界，他們能將現在的威嚴繼續帶到五年後的機率不大。我也是在送走娘家媽媽之後，才開始悔不當初，所以我挺羨慕在父親走前兩個月的時間點，還能盡量嘗試各種努力的世昌。

媽媽還在的時候，我從來不曾想對媽媽的人生故事深入了解，也沒有想聽她說過。等媽媽不在了，才發現這件事不知讓我有多後悔。

要我從這點再提供一些建議的話，我會說不要等到父母不在了才後悔，要先試著想像父母親過世之後的情況。只要試著想像過後，想要了解爸爸、想更懂媽媽的心情便會油然而生。

你的爸媽，並不是一開始就是爸爸和媽媽

想像雙親不在，進而感受到父母的珍貴和對他們的感謝，是非常重要的。因為如此一來就能對父母親抱以關注。世昌也因為曾經自行這樣想像過，對父親的了解也

變多了。

世昌的父親也是因為沒有在正常的環境下長大，獨自堅忍度過了原本應該要讓大人保護的幼年時光，據說世昌也是從堂哥那裡聽來這件事的。他說自己太晚才諒解爸爸，但爸爸卻很早就原諒了拋下他的爺爺。

提到這件事，世昌就止不住淚：「我爸應該也需要他爸才對。」哭著這樣說的世昌，已經和父親相當貼近了。

「我的媽媽並非一出生就是一個母親。」要這樣想有那麼難嗎？如果以前能以「在成為父親之前，爸爸也只是一個堅強的青年」的角度看待父親，世昌也許就不需要那樣恨著父親度過很長一段時間。

雖然因為頻繁的離婚和再婚，沒辦法為兒子提供安穩的家園，但至少世昌的父親從來沒有放開過兒子的手。因為自己是被拋棄的，至少不想把那份痛苦也留給世昌，這就是世昌的父親向他展現的愛。

能讓恨與愛結合的就是原諒

和長久以來斷絕關係的家人嘗試和解的時候，因為該痛的都痛過了，爭執已經沒有太大的意義，就變得可以相互原諒了。

人們在自己處於不安或不成熟狀態的時候，會被困在被害意識之中，這時便容易站在偏頗的立場。一旦心理產生安定感，面對對方時比起被害意識，反而會抱有惻隱之心。

父母和子女會以又愛又恨的角度看待彼此，是因為彼此停留在分裂的狀態。只要愛和憎惡被放在不同的位置，就很難解決問題。然而成熟之後，向對方（父母）投注的良性情感，會被統一為同情與理解的形式。若是把它想像成原本厭惡的心情、想被愛的心情都放在不同的房間裡，最後卻合放在同一個房間了，這樣應該會比較容易理解。

換句話說，就是變得可以自然地用綜觀全體的方式，去理解體會對方的心情了。人們常說，要等到結婚生小孩、開始養育小孩之後，才能夠開始理解父母的心情，這種「理解」的意思，是指能對父母抱持著一個更全面的觀點。

追根究柢，所謂成熟就是將分裂、有裂痕的事物統合的過程。但是這有一個前提，為了接受自己的父母也是不完美的人類，為了實現這種「成熟」，就必須靠自己的雙腳獨自挺立。因為自己必須成熟，才能以全面的角度看待父母，才能夠抱持著同理心。

學習閱讀父母的人生

在為人兒女、為人父母的日子裡，我們常常會面對世上不可能存在完美父母的事實。作為子女、同時也作為父母這件事，本身就是另一種成長的跳板。

「完美」原本就是一種模糊而抽象的概念，每當感受到這點，覺得可以感同身受的時候，就會發現父母與子女之間的諒解與愛，並不是理論上的諒解，而僅僅是願意放下對彼此的幻想而已。

只不過我們可以很確定的是，雖然沒有完美的父母，但世上所有的父母都會拚命盡一切努力為小孩爭取「更好的一些什麼」。

假如世昌覺得他過了比父親更幸福的人生，那是因為他的父親沒有丟下總是想逃離自己的兒子，一直追在他身後的緣故。其實世昌的父親很早就被雙親拋棄，世昌的父親曾經那麼想要的「父親」，反而是兒子世昌真正擁有了。

這並不容易，被父母拋棄的少年長大之後守護著自己的小孩，甚至被自己的兒子拒絕之後也沒有放手，簡直就像拯救了國家一般勞苦功高。從世昌爸爸的角度來說，不管父母或兒子，在自己最需要的時候都不在身邊。如果將父親作為一個「人」來看待的話，世昌就該要欣然原諒自己的父親。

我們常聽到人家說「人文學」，而所謂人文學就是研究「人」的學問，子女去研究父母的人生，也是一種人文學。我認為，在名為人生的學校裡，這門課應該被列為最重要的必修。

男人變成父親的意義

有部電影的副標是這樣下的：「那天以後，我知道的所有事情都不一樣了。」這部電影是得到二〇一三年坎城影展評審團獎《我的意外爸爸》。

電影主角良多在知名大企業上班，在大家眼中是個有出息的男人。他和惹人憐愛的妻子、跟自己一個樣子的模範生兒子慶多，一起美滿地住在新宿的高級公寓裡。一步步向成功邁進的良多，有一天卻接到了一通晴天霹靂的電話。自己養了六年的兒子居然不是親生的，而是不小心抱錯的小孩。這部電影便是以兩個兒子交換的契機，來鋪陳兩位父親的故事。

主角良多在嚴厲的父親底下過著壓抑情緒、以成就為主的人生，因此良多也照著從父親那裡學到的樣子，對兒子慶多同樣嚴厲，他認為這就是所謂男人的人生。他們一家人就這樣度過平淡的每一天，卻沒想到某天突然接到醫院的電話，告知他說兒子抱錯了。

慶多的生父雄大經營一間破舊的電器行，是一個養了三個兒子，會幫孩子們修理壞掉的玩具，甚至是只要孩子們想要，就隨時都可以陪他們去放風箏的爸爸。

在這樣的爸爸養育下，良多的親生兒子琉晴非常活潑調皮，反而是個讓生父良多感到招架不住的孩子。

「雖然爸爸交換了，但我過得很幸福喔。」慶多用大大的眼睛看著良多，眼神彷彿這麼說著。加上偶然發現了慶多拍下自己睡著時的照片，讓良多不禁潸然淚下。良多透過兩個兒子，領悟到「自己過去錯過的東西」。

良多的狀況跟一般的韓國父親，其實沒有太大區別。社會普遍認為，爸爸只要出外賺錢回家就好了，其他的事情都是媽媽的責任。

現代的韓國爸爸們都很忙，也許是因為自己雖然因故從未得到，卻絕對想要為兒子留下一個「父親的樣子」的關係。簡直就像是把人放在懸崖邊，然後告訴他「從現在開始，你要開闢一條新的路向前走」一樣。

在心理上成為父母

在生物學上成為父母，跟心理上成為父母是截然不同的兩個問題。爸爸媽媽的角色並不會在生下小孩後就能自動扮演好，但不知為何，社會上對此並不會產生或提出質疑。而比起女性成為母親，男性要成為父親是一件更困難的事。

女性在懷孕之後，就能感知到身體的變化，用全身經驗著母性。相對地，男性就沒有機會直接體驗成為爸爸的感覺。一直到小孩學會叫「爸爸」的時候，才有一種成為父親的實感。

某位男性曾經告訴我，在他的小孩上了國中，叛逆期開始鬧脾氣之後，他才突然自覺到自己是個父親的事實。光看這個案例就可以發現，父親跟母親比起來，顯然已經有了十年的時差。

男性和女性在各自成為父親、母親的時候會產生時差，尤其男性成為父親的時間，比女性成為母親的時間要長上許多。只不過即使男性的宿命就是相較之下不得不更晚成為父親，也不能把這當成免死金牌。

孩子的成長是不等人的，對於孩子而言，需要爸爸的時候也許就是小時候那麼一下子而已。在最需要的時刻陪伴在孩子身邊，這是父母必須無條件為孩子付出的養育的品德。

共享創造回憶的活動

「最遺憾的是沒有看見孩子們成長的樣子。」這是大部分男性都能夠感同身受的一句話。

然而我認為不需要覺得過度遺憾，雖然錯過了孩子的幼年時光，卻可以目睹他們從青少年長成大人的過程。這是多麼幸運的一件事啊。

作為一個父親，在子女們長大之前還能擁有將「成長」納入眼中的機會。就算晚了，只要趁此刻開始關注孩子就好。

最重要的是應該趁著這個時期，開始練習跟家人一起度過愉快的時光。在社會上從事旺盛生產活動的爸爸，不得不非常忙碌。相對地，就算只有一次，也要好好深入地享受全家待在一起的時光。孩子們會把那當成大骨，熬煮一輩子，細細品味。

金珽運教授在《我後悔跟妻子結婚了》這本書中寫到，只要有空，他就會和兩個兒子一起健行到社區後山的泉水池。

我有一位朋友也跟他的兒子共享一個秘密抽屜，那個抽屜裡藏著許多小紙條，上面寫著兒子想對爸爸，和爸爸想對兒子說的話。原本是因為工作繁忙，又很好奇兒子究竟在想些什麼才提議進行的，一開始兒子只寫了很多想要的禮物目錄，不過慢慢地，從異性問題到未來的出路，兒子也開始在那裡頭寫下自己的煩惱。

這是不需要額外花錢或花太多時間，便能增加父子之間親密度的一個好方法。

媽媽和小孩因為花很多時間相處，即便不刻意進行這種活動，也有很多親近的機會。但爸爸就不一樣了，所以要透過能在孩子心中留下刻印的象徵性活動，填滿爸爸的位置，如此一來就能避免孩子在成長過程中走得太偏。

我們也想成為父親

美國精神分析家科拉魯索（Colarusso）曾經提到，成年早期的男性有兩種成長課題，一是「可以建立親密感的能力」，另一個則是「成為父親」。

到底對男性而言，成為父親有什麼樣的意義呢？「父親」這個角色，在男人的本質裡到底佔了多少比重呢？

男人們大部分是從社會上的成功確認優越感，來檢驗自己的男人味。想要透過財力、權利當成自己身為男性的證明。對男性而言，家庭或家人跟工作或在社會中扮演的角色一樣，只是劃分自我的許多要素之一。相較之下對女性而言，家庭、丈夫、子女，就等於是自我的本質。

近年來這種傳統的男性觀念正逐漸產生改變，看見無法跟子女們建立親密關係，導致上了年紀之後和家人非常疏離的父親，年輕的爸爸們便下定決心要過和父親不一樣的生活，展開了行動。比方說，英國的年輕爸爸們標榜著「現代父愛」（Modern Fatherhood），喊著「爸爸也是父母之一」（Dads are parents too!），從孩子一出生便一起參與了養育的過程。雖然因為自己並沒有那樣的父親，所以還不太了解什麼是父愛，或該怎麼做才能成為真正的父親，但他們表現出了「想成為父親」的強烈意志。

假如父愛是可以透過漸進的努力被開發或激發出來的話，身為配偶的妻子就應該等待那個過程。因為男性和女性很不一樣，所以常常聽人家說「男人來自火星，女人來自金星」，只是這就整體而言是不對的。男人跟女人是來自同一個星球，甚至還住在同一個家裡，這點無庸置疑。

而男女如此不同的原因，就在於「時差」。只是因為女人先抵達了那個星球而已，所以當男人比較晚來的時候，為了讓他順利適應，就得好好給予協助。而遲到的男人們，即便是為了先到那個星球上打掃整理，疲憊不已的女人，至少也該在星期六空個半天，牽著孩子的手出門走走，在妻子看不見的地方，帶著孩子們出去放個風箏之類的。就算爸爸不是很情願，但是孩子們是一輩子都不會忘記和自己一起放風箏的爸爸的樣子。

要接受自己的父母也是不完美的人類，而為了實現這種「成熟」，就必須靠自己的雙腳獨自挺立。因為自己必須成熟，才能以全面的角度看待父母，才能夠抱持著同理心。

第5章

該是好好擁抱自己的時候了

無力是在提醒你要移動到新的人生階段

在女生們常看的社群網站中，常常會看到這樣的提問：「覺得自己像個女人呢？還是大嬸呢？」

「有小孩的大嬸」這句話裡，往往透露出覺得自己不再具有女性魅力的困惑感。在這個年紀，即便是自己喜歡的風格，也會擔心「我這個年紀可以這樣打扮嗎？」並且開始在意起別人的眼光。

女人在快要邁入四十歲時，儘管生物學上還沒到要停經的年紀，卻開始產生即將失去女性魅力的不安感。同時還會感受到，家庭和人生的責任感就彷彿像鉛塊般，重重地壓在肩膀上。

我也曾經在結婚後，對一瞬間就必須同時扮演別人的妻子、媽媽、媳婦等角色感到心慌。

不過隨著歲月的流逝，熟悉了這樣的身分後，卻在內心某個角落感到空虛。然後忽然產生疑問，覺得「我以前有聽過像會悸動的人生和變化等詞彙嗎？」

每個人在成年後走到巔峰時，多少都會遇上這種對生命本質的困惑。

想像一般人一樣自由

三、四十歲正值最有生產力，在職場上對工作投注最多心力的時期，作為社會的中流砥柱，這個時期也是最忙碌、最辛苦的。

在職場上是中間管理階層，在家庭裡則是正在成長中的子女的父母，生活被子女教育與買房、扶養父母等沉重的負擔給圍繞。在背負這些責任感當中，即便想倚靠別人放聲痛哭，卻找不到能得到安慰的地方。

不知道從什麼時候開始，跟家人已經很久沒有好好溝通，夫妻之間與其說是愛情，不如說是義務，長大成人的我們顯得既孤單又痛苦。

作為一個家庭主婦努力地生活至今的蓮熙，卻在這段時期開始對人生產生困惑。老公升職為部長後變得更忙，家中大小事跟子女的教育責任就全落在她的身上，家事做完後要幫忙檢查兩個兒子的作業，帶他們去補習班，然後一天就過了。

孩子們一天到晚在找媽媽，婆婆跟娘家媽媽又時不時地叫她過去。當婆家的人跟老公數落她「妳怎麼什麼事都沒做」時，火氣便忍不住大了起來。明明過去跟老公常常聊天，也常出去玩，可是現在老公只要一嫌東嫌西，就會演變成大吵一架。蓮熙曾說過她想拋下所有東西逃到遠方，想獨自待在一個沒有老公跟小孩的地方。

蓮熙的老公是在大企業工作，婆家很有錢，兒子也很乖，而且她自己的職業也是醫生，但從三年前開始，她就想甩開這一切逃到遠方。她從小到大一直活得像個模範生一樣，按照媽媽所說的努力念書，成為醫生。

她的媽媽以前常用「妳長的不怎麼樣，人家都還願意喜歡妳」的話催促她結婚，於是相親不到半年就匆匆結婚了。雖然全家人都很高興她一結婚就生了兒子，但之後為了照顧孩子、處理家事、到醫院上班等忙得不可開交，一不留神就過了四十歲。看到鏡子裡眼角的皺紋跟雙下巴，內心不禁湧上一股憂鬱感。

不論是職業或是婚姻，她都是依照媽媽的意思，至今已結婚九年的她不想做醫生了，只想擺脫孩子的媽、老公的妻子、婆家的媳婦、媽媽的女兒等所有身分，像個一般人一樣自由地活著。

她坦白地跟我說，一天就算只有一、兩個小時也好，她真的很想要擁有自己專屬的時間。

女人們容易身心俱疲的理由

在傳統觀念裡，男人和女人的起跑點不同，對待的標準跟期待也不一樣。男人為了社會上的成就與經濟上的成功不停衝刺，在理想與極限中感到挫折和糾結；而女人則深陷於家庭主婦與母親的身分，在失去自我中不斷掙扎。再加上現代職業女性們還有在職場上競爭的壓力，被各種身分壓得喘不過氣。

「我現在做的工作？跟追求自我早就天差地遠，只是為了糊口飯吃才不得已去做的。」這是很多男人會拿來作為辯解藉口的一句話。

雖然男人比起女人的確是在扶養家庭的責任上有較大的比重，但他們是透過「工作」去爭取自己的權利跟財產，用金錢跟地位這樣具體的成果來彰顯他們的能力與影響力，而這也是自我實現的一種途徑。

相反地，大多數女性不是透過自我的成就，而是經由老公與小孩才能間接得到成果，也因此只能過著被制約的人生。她們被要求必須對丈夫與小孩無私奉獻，這樣的全心奉獻卻僅是一個模糊的概念，與自身的成就完全無關。女人無法跟男人一樣，可以透過職場上的成功和財富上的累積等明確的個人成就獲得社會肯定。

因此生活中以子女或丈夫為優先的已婚女性，比起其他人來說會更容易感到身心俱疲。努力的結果不被認為是自己的成就，當無法產生追求自我的成就感時，就更容易失去努力的動力。

基於這些原因，被家事和育兒消磨掉精力的女性，就會陷入無價值感與無力感當中，但是這種形式的無力感，卻不容易在男性身上看見。

克服無力與寂寞的方法

快要四十歲時，遇到的中年危機通常會以無力與憂鬱起頭，這是男女在成長上都會遇到的問題。朝著某些東西不停地往前努力奔跑，在某個瞬間卻像是失去動力般感到內心空虛，彷彿人生走到了盡頭，但又像是沒好好活過一樣，甚至會忽然不曉得該如何繼續活下去。

認為這段期間對自己很重要的東西們變得毫無意義，當發覺這些東西無法再讓自己有所成長時，我們會開始變得鬱悶。當我們認為現在的生活無法再帶來任何幸福感時，就會產生無力與困惑，可是我們其實不需要去害怕或逃避這些，實際上，無力感是在提醒你要移動到另一個新的人生階段，並覺察出未來想要更加成長的自身心靈需求。

雖然全職家庭主婦在這個階段會想要再次就業，不過卻會產生無力感，認為「我這個年紀還能再做些什麼呢？」職場女性則是陷入羞愧感當中，認為「我這樣拚死拚活工作又有什麼意義呢？」

這個時期若是不想被「身心俱疲症候群」所困住，就要好好觀察身心無力的危機前兆。在肉體快要感覺精疲力盡，以及心靈深陷無力的泥沼之前，就要給自己創造一個喘息的機會。

必要時你可以拜託丈夫或周邊人們的協助，也可以好好運用社會資源。在某個周末把所有事情託付給其他人，然後保有屬於自己的時間。將所有工作按先後順序安排也是個不錯的方法，除了可以更有效的管理運用有限的時間，還能確實區分專心做事與好好休息的步調。

越集中做事，就越能在短時間內看到更多成果，也因此能擁有更充分的休息時間。這樣的休息能讓人做事更有活力，為此須建立良性循環的基礎。

此外，為了不失去自身幸福感去努力的話，就不會產生因為身心俱疲而湧出的無力，或者是與無意義的孤獨感了。

別讓對方隨意對待自己

憤怒社會不僅僅侷限於隨意發洩憤怒這種狹隘的定義，舉凡為了維持平凡的日常生活，社會要求人們必須具備管理巨大憤怒的能力，這也是所謂的憤怒社會。

一般人常常因為無法壓抑憤怒，便讓過去累積的心血瞬間化成泡影。因此在成長、成就、成功等問題上，「情緒管理」成為我們不可或缺的重要能力。

在這個為了守護微小事情，需付出相對多感情的社會裡，一般民眾就成為了標靶。若是將瞬間產生的鬱悶感用全身力量壓抑住，所得到的就僅是一頓飯、一陣子的和平、一口水的話，那還有忍耐的必要嗎？當然是沒有。

忍耐和體貼照理應該要換回相對應的東西，卻反而被人看扁或無視，而越常遇到這樣的事，越會強烈覺得不該只有我要忍耐。當我們的社會難以維持平凡的日子時，這樣的想法就會出現。平凡生活代價太高時，人們就沒辦法遏止憤怒。

可惜的是，情緒管理能力越高的人能夠成功的機會卻相對高，因此控制憤怒等情緒管理，被認為不應該侷限於少數管理階層，而是每個人都須具備的重要能力。

壓抑感情的話，會損害自尊心

哲學家姜心珠認為，如果人沒有辦法察覺自己的情感，就會成為有暴力傾向或聽命於他人的人。

以精神分析學來說，這句話的確沒有錯。若無法區分自己現在是處於悲傷還是委屈的情緒中，就會無法控制自己的情緒。

為什麼男人有壓力時，會靠喝砲彈酒排解壓力呢？因為這是讓人在面對瞬間湧上的情緒，可以逃避痛苦最快的方式。要辨識如憂鬱、自責、憤怒等負面情緒，這段過程是相對痛苦的，而人類的本能就是會去逃避痛苦，追求快樂。所以在暴飲的同時會忘卻苦悶，酒精的化學作用讓人不用特別努力就能馬上放鬆心情。

不過用砲彈酒發洩壓力的方式，反而會讓問題變得更嚴重，因為情緒本身仍會存留在原地。情緒是需要被探索出來的，必須要慢慢地抽絲剝繭，辨認內心是存在怎麼樣的情緒。不論是委屈、丟臉，還是想殺掉對方般的憎恨，都要幫每個情緒貼上屬於它們的標籤，才能夠在被情緒壓倒前，先打下能整理好情感的基礎。有一定基礎後，才有可能用更高層次的自我管理方式，去觀察情緒在心理上的脈絡。

我為那些天生就不會情緒管理的人感到惋惜，因為這樣的能力在像現今過度使用情感的文化當中顯得相當重要。男人比女人容易引發問題的理由，也是由於他們容易跳過「心理處理過程」，直接將其行動化。

每次到診療室來時，總是用掉整包衛生紙的民鎮錫先生，是個溫和的職場模範生，不過他卻有個綽號叫「變身怪醫」。這是由於只要傷害到他的自尊心，他的表情就會突變，雖然尚且不到憤怒調節障礙的程度，卻還是被人取了這個綽號。

在他的身上曾經發生過一些事情，比方說，原本計畫的截止日是在三天後，部長卻突然說要提前完成，身為課長的他頂了部長幾句話後，害得團隊氣氛變得很差。縱使他整場會議坐著不說一句話，可是會議結束後，後輩們都會表示課長比部長還要可怕，然後鎮錫貌似非常在意他們說的話。

每當鎮錫遇到這些事時，就會前來諮詢，跟我訴苦說不知道該怎麼管理這樣的情緒，比方說：

「他們說我的臉上，就只有笑跟生氣這兩種表情。」

「可能鎮錫先生的表情太快就變得嚴肅，讓後輩們感到心慌吧。」

「我每次都叮囑自己要小心一點，不知道為什麼還是會出現這樣的行為。我好像會因為突然的挫折，或是覺得自己被人看不起，就忍不住發火。」

「我也不喜歡自己的表情，其實可能只是件小事，不過在那瞬間就會覺得自尊心好像被踐踏了一般。」

在韓國，男人比女人更容易活得像個變身怪醫，當然其中一個理由是男人和女人相比，在情緒表達與獲得共鳴的次數上相對來的少，不過這也是因為即使管理不好情緒，他們也不會因此遭受批評責備。就好像感情問題就只屬於女人，理性問題只屬於男人，導致男人即使管理不好情緒也無礙。

夫妻一起來諮商的情況，也曾有太太拜託過我，協助先生處理這部份的問題。其實只要太太能夠留意、觀察到先生的情緒，就能產生實質的變化，即便不用很厲害的方法也沒關係，只要給丈夫一個能哭泣的時間與空間就夠了。

有個家庭主婦還曾留張寫有「老公，今天家裡都不會有人，你想做什麼就做什麼吧」的紙條，然後準備好三餐就跟孩子出門了，我認為這是很貼心的行為。

現今是個不管贏了比賽還是輸了比賽都會哭的世界，因為出社會後，必須面臨不合理的事情，或是根據狀況必須踩著後輩爬上去的處境，這兩種情況同樣都會讓壓力變大，這時若能將情緒好好表現出來，就能防止自尊心受到損害。

最糟糕的情緒管理法就是壓抑，即便委屈難過的情緒跑出來，也還是一直強壓的話，會讓自尊心產生致命傷。

「我沒能為自己做任何事」的印象會給自己製造無力感。如果你思考的時候常常壓抑情緒的話，可以試著在平常練習把情緒表現出來。

為什麼一定要等到受委屈時才要檢視自己的情緒呢？特別是那些常壓抑的人越容易在乎他人的眼光。所以在還沒發生事情時進行這樣的練習，才能在有壓力的情況下更有智慧地去處理事情。

擺脫不正確的關係模式

在沒發生事情時我們除了可以練習情感表達，同時也可以試試看訓練改變自己所扮演的角色吧。

用鎮錫的案例來解釋的話，例如他在部長的不合理要求下，只是用不說話繃著臉來處理，並沒有直接表達意見或要求改善。部長不可能不知道他的狀況，但還是自作主張地將期限提前，或默默地將事情都推給他，這是因為對部長而言，「對鎮錫這麼做也沒關係」的印象已深深刻印在腦海中的關係。

若是要幫那些憤怒湧上時總是在忍耐的人做個恨意註解的話，應該是：「為什麼每次都是我在忍，傷害人的人卻是你呢？」從關係上來看，其中存在著錯誤的排序和不相關被制約的模式。忍耐的人必須隱忍，傷害的人必須要傷害才能維持的關係，而壓抑情緒的人就會被逼上絕路。

那麼該怎麼做才能擺脫這樣的模式呢？我認為，絕對不要試圖改變對方，一輩子都因為自己的情緒而傷害別人的人，怎麼可能突然在一天內就改變呢？此外，他們早就幫自己找了一個站得住腳的理由，認為根本沒必要從既有的模式中做出改變。這時為了要轉換對方給的反應，要採取「變更路線」的方式才能解決問題。

首先，需要觀察特定人物會引發這種反應的行為模式。我們人活著，就會在人際關係中無意識地扮演各種角色，互相影響。當我們看到可憐需要幫助的人就會產生惻隱之心，相反地，對狡猾自私的人則會發怒或冷淡以對。

我們待人接物的方式，會隨著自己的行動有所不同。「你是怎麼看我的？為什麼敢這麼隨便地對待我？」在發洩不滿前必須先思考，自己的哪些作為會讓對方產生這樣的行動。

第二個，不要採取攻擊性行為，而是要擁有健全的自我主張。韓國社會普遍認為，從小就太有主見是件不好的事情，比方說小朋友太有主見的話，容易變得沒禮貌，要是在老師面前大方地表達自己意見，常常會被認為是壞學生，並且受到排擠。為了配合這樣的社會風氣，所以我們才逐漸變成了無法區分健全的自我主張和攻擊性行為的人。

一般來說，所謂攻擊性行為是不替他人著想，單方面將自己的憤怒丟往外部的一種破壞性概念。這裡我們必須要去區分健全的自我主張和攻擊性行為，平常適當地將自己的意見或感覺讓人知道，這種方式就是「健全的自我主張」，而不是想傷害別人的攻擊性行為。擁有健全自我主張的人才是會尊重自己的人，而這樣的人絕對不會被別人看不起。

「暴躁」一次可能會讓你失去一切

艾倫．狄波頓（Alain de Botton）著有一本名叫《旅行的藝術》的書，但我很想改叫它《心靈的藝術》，或是稱它為「日常生活的哲學家」。

特別是看到那些按照一定路徑努力，辛苦往上爬的人們，常因為無法壓抑、忍耐瞬間產生的暴躁，而掉進水深火熱當中的情景時，我就會想起以下這段文章：「儘管人類可以完成如建造飯店、疏濬港灣等大型工程，卻會因為某些心結讓所有成果瞬間化作灰燼。當怒氣爆發的瞬間，所謂文明的優點就變得什麼都不是！」

說白了，二十幾歲時即使是亂發脾氣，會被認為是還不懂事；三十幾歲時亂發脾氣的話，只會被說下次注意一點就好；但從四十幾歲開始，人生的根本就有可能會被動搖。當你要保護的東西越多，排解憤怒的能力就更必須被列為工作中最重要的管理項目之一。

請記住，打從四十歲起，憤怒會隨著年齡改變它原本的型態。認知到這項事實後，為了完成大型計劃而疏忽內心心結的人，可能就會想要留意一下了。

只是暴躁一次就很有可能會讓你失去一切。人生已經到達過巔峰，而且曾經是菁英的他們為什麼會無法處理情緒，讓人生歸零了呢？真要說是個人的原因，好像又有點錯怪他們了。

為了保護自己，隨時都在生氣的人們

年輕時我未能「直接並持續地關心」政治、社會、經濟等議題，然後到了中年、老年後，卻反而很愛看政治和經濟新聞。

有位四十五歲左右的男性曾說：「當發覺自己已經上年紀時，同時也開始整天看以前覺得無聊看都不看的新聞。」我非常能夠理解這樣的說法，到了某個年紀後，就會真真切切地了解到政治跟我們的飯碗是息息相關的。與其說是有興趣，不如說是就像生病要去醫院一樣，我們為了糊口飯吃就得打開新聞頻道。

那麼，現今新聞的內容都是些什麼呢？是不安與憤怒。因為社會若是以不公平的結構運轉，一般人就會感到挫折。即便經濟不景氣和失業問題等不只存在於我們國家，韓國人還是有極度絕望的理由，而這個問題是人民跟政客都必須去思考的。

二十世紀初期有本有名的書叫做《憤怒的青年》（*Angry Young Man*），當時的青年們（Young Man）都相當憤怒（Angry）。

然而我們國家的國民皆以著火的速度暴走，早就已經超越憤怒的水準了，只要外部有刺激進來，就一定要予以反擊才甘心，而理由很簡單，因為其他人也是這樣。

「現在的社會，連憤怒都變成雙方互惠的形式。」這句話是指，由於個人沒有可以受到保護的藏身之處，憤怒社會就更變本加厲。若真的是因為生氣才暴怒倒是還好，但把憤怒作為保護自己的盾牌，這樣的情況實在是很嚴重。

隨時都在發脾氣的方式會讓人上癮，以保護自己為藉口，即便隨時發脾氣也不會有罪惡感。就像孩子出生後會為了活下去而找媽媽一樣，我們也會為了自身安全按下憤怒的按鍵。在如此的社會構造下，最活躍於社會上的世代一旦起了衝突，其加乘效應只會暴增。

對於產值最高的三、四十歲世代而言，這種不公平的社會構造更是致命。用艾瑞克森的「生命週期論」來看的話，這個時期是「生產的時期」。可是現實又是怎麼樣呢？即使不要求有退休保障，明天也不知道能不能安然度過。

哲學家尼采曾說：「要避免將自己的生活，建立在一個過於狹隘的慾念上。」雖然說也不能不管三七二十一就抱有太大的慾望，只不過若是擁有的慾望過小，與壯年時期不相符，那也稱不上是健康的人生。只不過如今韓國人身處畸形的社會架構下，慾望的比重也越來越低。

老實說，即使同樣都是不景氣，跟還沒進入生產時期的二十歲世代，又或是已歷經該時期的五十歲世代相比，三、四十歲的這一代顯得更加委屈。

年輕人們因為還抱有希望所以沒關係，五、六十歲的人因為已經取得成就所以沒什麼好委屈，但是三、四十歲的這一代呢？才剛要有所成就時，因為環境變化導致能採收的果實們都消失了，如此一來他們在小事情上變得更加敏感，更容易上火。

要更愛自己、更珍惜自己的理由

因為兄弟之間爭吵，一氣之下將哥哥的車子砸壞的昌盛也是同樣的情況。

昌盛的兩個哥哥都在父親生意蒸蒸日上時完成學業，還到外國留學。相反地，當父親破產時，昌盛還是個高中生，自然沒辦法享有跟哥哥們一樣的待遇。在職場上這樣的差異再次顯現，跟在公家機關工作，擁有穩定生活的兩個哥哥們相比，在中小企業上班的昌盛因為不景氣的關係，已經好幾個月沒拿到薪水了。

「為什麼要去砸哥哥的車子呢？」

「因為車子看起來就像是哥哥一樣。」

在昌盛的眼中，哥哥所開的車就是成功的象徵，我能理解他那種想毀掉自己想要卻得不到的人生的心理。可是這個結果卻讓他自己受傷最重，砸了哥哥的車子、傷了爸爸的心，自己則變成常常進出警察局的人，還有什麼比這更難過的呢？舉這種破壞車子有決定性原因的事件為例，可能會讓人覺得是特例，但撇除這點來看，其他跟昌盛同齡的人也有可能產生同樣的不滿或憤怒。

五十幾歲的人在三十歲中旬過後，多少會開始覺得在職場上停滯不前，因此會顯現出感受到這些事情的不安。

這樣的不安是內心的安定感正在動搖，只好趕快以憤怒的型態投射到外界。內心越不穩定，越多裂痕，就會產生自殘或傷害他人的行為，而這就是現今憤怒的形式，相當令人難過。與其是想表達出強烈的憤怒，其實他們想擁有不過是「安定感」而已。

如同「最好的防禦就是攻擊」這句話所說，最簡單的自我保護方式，就是將難以忍受的自我厭惡和挫折，認為是外部導致的問題。如此一來，就可以消滅讓自己內心憤怒變大的土壤，只不過在這麼做在這麼做的同時，也會讓能培養良好關係，或讓自我更好的土壤也一併消失。

儘管在這樣憤怒的社會裡，控制情感並保護自己是件很難做到的事，但這也是為什麼我們要在外部尋找憤怒的原因前，必須先以溫暖的視線探索自己內心有哪些東西的原因。

沒有一種情感比不安更能推動自己

「今天不管怎麼說，只花了一個小時而已呢。」「從兩天縮短到只花一小時已經算少很多了，真是萬幸。」澤延需要鼓起很大的勇氣，才能打開那些寫給自己的Email。

澤延一開始來看診的時候，還得花上兩天才有辦法打開工作上的郵件。確認Email、回信給對方也要花兩天以上，所以總是接到抱怨。又因為拖到結算作業，使得底下的員工也怨聲載道，所以前來找我接受治療，經過了六個月之後，現在已經成功讓拖延的時間從兩天縮短為一個小時。

澤延並不是一開始就抗拒讀信這件事，而是因為他在廣告業工作超過十年，曾經看過無數個同事和前輩，被區區一封電子郵件就解雇而心生畏懼。他的個性原本就細心又貼心，在公司裡無論業績或人緣都備受肯定，甚至公司還曾經想提拔他擔任副社長，工作能力非常好。

只不過他始終沒辦法脫離生存者症候群的沼澤，所謂的生存者症候群，是指比起那些離開公司的人，存活下來的人會留下更大創傷的意思。下一個就是我的不安和恐懼，對生存者而言形成了更大的壓力。這從跟我對談時，對於被拒絕表現出很大恐懼，以及接受現實的能力顯著低落這兩點都能看出來。

澤延需要花這麼大勇氣才能讀信，顯示出他對現在的位置抱有相當大的執著。如果留下來也焦慮、被辭退也焦慮的話，那眼前的問題就跟生存沒有關係。必須轉換焦點，把問題放在如何熟門熟路地處理好焦慮才對。

相信什麼事都不會發生

面對剛寄來的郵件，澤延會戰戰兢兢不敢打開的原因，正是因為害怕失去。但反過來說，比起逃避失去或害怕被拒絕，倒不如正面承擔，才能克服問題。

所謂承擔失去或被拒絕，並不是要你下一個很大的決心。我跟澤延提議，請他自己決定一個必須確認完Email的期限，因為沒有期限的話，一直拖延下去也跟逃避失去和拒絕沒有兩樣。

他一開始把期限訂在明天，然後是今天、三小時，一直到一個小時，透過具體訂定期限，開始練習面對擔心失去和被拒絕的恐懼。在那之後，他變得可以一點一點將讀信的時間往前拉。

從變得不拖拖拉拉的澤延身上，我發現了希望。在這個過程反覆進行的六個月期間，我們一起討論了會讓他焦慮的幾個因素。而我告訴他的只有一件事——即使打開了Email，也什麼事情都不會發生。反覆享有這種校正的經驗，就能幫助他一步一步從擔心失去和被拒絕的恐懼中走出來。

傷痕是「反覆」造成的，若非家人去世、交通事故等大型意外，人不會因為經歷一次壞事就留下傷痕。而是因為反覆的經驗留下痕跡，才變成了傷痕。再換一種方式解釋的話我們就會發現，治癒也是從反覆的經驗中開始的。

所以如果有會讓自己感到不安的原因，不要想一次解決，試著一步步慢慢處理如何？即使沒辦法完全消除那些原因，至少可以讓不安的程度變少一點。

不安反而會讓人成長

關於不安，我們這裡再稍微討論一下下，因為懂了之後就必定能看懂答案。

沒有人有辦法不感到不安。很早以前，奧地利精神分析學家奧托・蘭克（Otto Rank）曾說過，對胎兒而言，離開媽媽的子宮來到這個世上本身就是一種心理創傷（Trauma），會引起他們根本上的焦慮。

擁有生命的個體會感到不安，本來就是件理所當然的事。我們不需要把不安想得這麼嚴重，只要知道不安在現實生活中是如何運作的，就會很有幫助。

不安是感覺未來好像會發生某件不好的事，覺得不舒服而模糊的情緒。害怕能夠依靠的對象可能會消失、擔心也許會失去愛情，以及面臨處罰的焦慮等等，人只要活著，就會像內臟一直掛在體內一般，焦慮也會一直掛在我們的身上，這便是人類的命運。

當人們感到不安的時候，會肌肉緊張，心臟快速跳動，腦袋則覺得發暈，所以才會用盡全力想擺脫不安的感覺。澤延也是為了擺脫身體感受到的瞬間焦慮，每當不安感一湧而上的時候，就會到健身房或漢江旁發瘋似地跑步。不安所造成的傷痕是如此實際，並非僅止於表面而已。

不安是我們必須擁抱的命運，而它所造成的痛苦也不光只是表面上而已，所以不安是一種我們沒辦法拿它怎麼辦，只能好好對它負責的情緒。但這不是說要毫無想法地接受它，而是必須轉換對不安的看法。不安並非你必須無條件躲避的毒藥，而是一種在生存中不可或缺的心理裝置。

實際上，在不安當中帶有一種被稱為訊號焦慮（Signal Anxiety）的正面功效。告知即將來臨的危險，讓我們得以提早準備。因為不安所以會為考試讀書、因為怕事情不順利，所以下決定時會深思熟慮，些都是訊號焦慮的證據。

「人類在幸福的時候只會重複過去的習性，不會摸索變化。但遇到悲劇的事時，就會想要拋棄過去的自己繼續往前走。」

日本建築師隈研吾曾說：「只有發生實際危險時，才能夠脫離過去的習慣，對未來做準備。」我從他的這段話中也讀到了訊號焦慮。也許現在讓我們感到不安的東西，是為了讓我們好好準備餘生，才提早來拜訪。所以不要一味逃避，只要能正面迎對就好。

如果只會逃避，不安反而會更加壯大，對我們造成威脅。

慾望之所以如此多樣

想讓焦慮平靜下來，並不一定要對焦慮做些什麼，反而轉向慾望的部分尋求解答也是個好方法。

把慾望轉到門檻較低的事物上，或者調整它的規模，是降低不安感的一種策略。我告訴澤延，要充分享受現在的全盛時代，之後才能少一點後悔，並且建議他為將來先做好計劃。透過稍微降低一些欲求的基準，除了可以立刻減少不安感之外，也是為了讓澤延注意的焦點從現在慢慢轉向未來。

人類的慾望，是一種賦予人生動機的力量。如果沒有慾望，就不會感到不安，這兩者可以當成是夫妻一般的組合。要接受自己總有一天必須離開公司的事實，比起用全身去抵抗，倒不如嘗試埋頭研究退休之後的生活。

這不是說要你馬上從公司離職，而是要在公司把力量發揮到極致，直到不能再工作的那天為止都認真工作，而且也必須好好計畫退休之後「要做什麼」。

自古以來，如果握在手裡的糕點只有一塊，我們就會以為那就是全部，而不得不對其產生執著。但如果兩隻手都拿了一塊，對它們的關注也會一分為二。那麼就自然而然會對右手的糕點展現出從容，對左手的糕點也不再執著。

你要記得，這種從容並不是單純下定決心就會有，而是從實質的寬裕中而來的。成熟大人的內在成長，可以從各種層面摸索而來。所以這不僅可以作為風險管理，也能讓自己擺脫對於單一事物的執著，不再抱持有害的情緒。

不安可以提高創造力和想像力，使偉大的作品誕生，也是推進人類行動的原動力。當你偶爾在生活中感到焦慮時，不要只想著逃避那個訊號，請試著傾聽那不安的聲音吧。因為焦慮是身體仍在好好運轉的證據，也是你想好好生活的健全慾望所發出的訊號。

如果要仔細追究的話，若不是因為焦慮，澤延也不會日復一日認真鍛鍊身體。我很了解要按照自己想要的方式使用體力，是件多麼了不起的事。為了減少自己的焦慮，他每天認真跑步，也多虧這種作法，現在的澤延體力比任何人都好，這也是焦慮帶給他的具體成果之一。

仔細想想，沒有任何情緒比不安更能促使我們立刻行動了。所以比起逃避不安的感覺，反而應該緊緊牽起不安的手才對。

人的內心不會因為經歷一次壞事就留下傷痕，而是因為反覆的經驗留下痕跡，才變成了傷痕。再換一種方式解釋的話我們就會發現，其實治癒也是從反覆的經驗中才開始的。

是時候別再依附那虛假的自尊心了

在我們周圍總是有一些格外敏感的人，他們的感覺天線實在太過敏銳了，導致對各種小事都會感到退縮。

這些人對別人的一句話，或無心的一個舉動都會輕易受傷，要是不得不參與聚會，也會因為感覺迅速使他們枯竭，而忙著躲回屬於自己的空間。

其實，這都是因為他們太過在意別人的視線和評價。只要是上班族，都會明白何謂「跟自卑的上司很難一起工作」。因為他們會為微不足道的小事發怒、攻擊別人不尊重他們。

感受到自己的脆弱，就會導致被害意識增強，並會把針對這點的防衛態度投射到其他人身上。

畏畏縮縮而緊張的人、自大又自戀的人、疑心病重的偏執狂等等，這些人都是在人際關係上遇到了困難。問題是這些困難不只讓他們自己痛苦，實際上也跟他們親近的家人、朋友和同事感到痛苦。

很多人都因為人際關係的問題前來找我看診，箇中原因的確巨大而複雜，但若要看得單純一點，便可以把這些原因跟「自尊心」這個關鍵字綁在一起檢視。前面簡單提及的一些例子，也都是因為自尊不夠堅固所導致的現象。

應該要有限度地運用別人的認可

說到自尊心，會給人一種偉大的形而上學般的印象，但實際上並非如此。自尊心是指對自己的存在擁有正面態度，不是要有人在一旁稱讚或認可才能擁有的，而是自己對自己抱持的完整感受。

把「自尊」用漢字來解釋，是指「自己遵守自我的存在及人格」。維持自己的人格，這就是所謂的自尊心。假如一個人只在周遭有視線時才會做出正確行動，一個人的時候完全兩回事的話，那他就是沒有自尊心的人。

不倚靠外在的標準，而遵守自我內在的標準；不仰賴外在的管制，而能做好內在的管制時，就可以做到真正的自我尊重。不受外在的眼光影響，而是要因為「我」的存在價值，守好自己的品格。比起別人的認可，更需要的是自我認同。這就是為什麼我們應該使用絕對評價，而非相對評價的原因。

只不過這執行起來可不像說得那麼簡單，都怪韓國文化習慣互相比較和評價。因為在文化上很容易意識別人的視線，為了在他人眼中看來「很好」，不得不做出勉強自己的決定。也許是因為這樣，「不要在意他人眼光」、「如何不再渴望獲得認同」、「擁有被討厭的勇氣」等概念，近年來才會成為社會中的主要論述。他人的稱讚與認同對個人存在所造成的影響，就是如此地絕對。

我從平常很熟的朋友那裡聽到他這麼說：「只有自己了解自己根本沒有用。其實被別人用了解我、羨慕我的眼神看待，自信心、自尊心也都會跟著提升不是嗎？雖然不是非得從他們那邊得到稱讚，但就算是為了『自信心的提升』，也會下定決心要好好珍惜自己。把別人的視線當成是『自我管理的燃料』，感覺還不錯。」

就像他說的一樣，不需要把別人投射過來的目光都當成是不好的。而且就算我們不想聽，也沒辦法逃離他人的評價或目光。

所有事情都一樣，只要過於執著，就會演變成問題。如果不想被別人的評價牽動，就有必要變得更有智慧。別人的肯定或評價，不管是正面或負面的，都只會對我的人生造成「一部分的影響力」。不是全部，只是一部分而已。

以自尊心的特性而言，就算我們聽了一百句好話，也會因為僅有一次的負面評價而自信崩塌。所以要努力不去過度在意外部刺激，這一點非常重要。要把容易坍塌的自尊建立得堅固無比，是件很不容易的事，而且需要長久的努力，其中第一個要作的就是「向自己的心提問」。

在每個生涯的週期，都應該捫心自問

我想成為什麼？
我想做什麼？
我想證明什麼？
我想要什麼？
我想實現什麼？

以上是每當你經歷一個人生的週期，都該提出的問題。這些是關於本質的問題，也是跟自尊心有關的問題。

二十幾歲時可能會偏頗地把基準放在學歷、工作和外貌上，以此作為自我本質和自尊的標準，但到了三十歲過半以後，要繼續維持這種標準就很困難了。因為那並非成長，而是本質。

對於「想成為什麼？」這個問題的答案，我一個三十幾歲的朋友說，他過去是「知名作家」，現在則是「可以繼續寫作下去的人」。年輕的時候會著迷於表面看得到的事，現在則會專注於自己想要的價值。

像這樣經歷了不懂事的年輕時節，開始中年（Middle Age）生活之後，就能看見人生最需要的核心與本質。所以也許人到了四十歲左右，是最適合排除次要的、誇飾性的事物，創造足以支撐人生的「真正自尊」的時期。

這時需要的便是能填補空白的堅強意志。因為過去只專注在「必須做的事、給別人看的事」上面，現在眼中則開始看得見那些「想做的事、為自己做的事」了。我想把這樣的時光稱為「再次填滿自己的時間」。

把過去都讓給別人的時間，重新還給自己。就好比忙著做該做的事，卻連花苞都還沒開的夢想，現在要把它重新找回來。還要培養被世俗價值觀擠壓的人文學素養，必須把到目前為止都忽略的人生基礎，好好紮實地打穩才行。只要可以打好人生的基礎，就不會被旁人任意搬弄，而且能對自我抱持完整的概念。

儘管有人說必須擁有看得見的東西，才能換來肯定和歡心，但學歷、工作、外貌等看得到的條件，也不一定會連結到自尊。

很多人早已擁有這些條件，卻仍然被脆弱的自尊心擺弄得落魄不堪，這些都只不過是蒙蔽雙眼的「假性自尊」罷了。

大人的成長是要求得來的

就像到了立春，也不表示馬上就是春天了一樣，人生進入了一定的年齡階段，也絕不表示就會照著那個年紀生活。在每個世代剛開始的階段，都必須有準備期，得有智慧地計劃如何度過那個世代才行。

提出這個主張的，是美國心理學家拉文森（D. Levinson）。他把人生週期分成四季，每個階段的人生會持續二十年，而每當進入下一個階段時，都需要「五年的準備期」。

很多學者都像切蘿蔔一樣，把四十歲作為中年期的分水嶺，但拉文森不同，他認為人需要擁有為進入中年生活做準備的時間。真是讓人感謝，在進入中年期之前，先架好被稱為「過渡期」的橋樑，讓人得以稍微喘一口氣。

我覺得這個概念很有說服力。試想看看，有多少人是一進入三十歲，就能擁有三十幾歲的感受能力呢。四十歲也一樣，也不是說將近四十，就會馬上進入中年。所以與其說到了三十九、四十、四十一歲，就突然要開始接受中年的生活，倒不如該規劃一些時間，思考要如何度過即將到來的人生後半場，以及成長的藍圖會如何改變。

在這個階段，應該要做的事情有兩件。第一，是嘗試重新評價過去的人生。在評價的過程中，可能會被憂鬱和不安襲擊。如果說不安是對於沒有來的感到擔憂，那麼憂鬱就是以為會來的卻沒有來，所造成的失落情緒。

在四十歲左右，開始思考中年期的成長之前，我們應該要先面對的是這些讓人感覺不快的情緒。克服這些情緒再站起來，才能把未來的人生引導到健康的方向。

第二件該做的事情，是把跟過去不同的「成長概念」化為己有。四十這個歲數以人生整體而言，算是在肚臍的位置，也是應該重新調整成長概念的時期。如果說二十幾歲的成長，是只會一路向前流的狹長小溪，那麼四十歲的成長就是深度和廣度都更為寬廣的太平洋。

雖然從小溪變成太平洋，乍聽之下好像到了「更寬廣的世界」，但對當事人來說，急遽的環境變化會讓他們心裡頭昏目眩。

該改變成長概念的時候

所有中年人的天花板都是玻璃作的，而原本在兩邊的牆壁卻塌了。說是玻璃天花板，看起來好像可以再爬上去，但垂直的上升其實是有限的，另一方面，兩側則無限確保了能向旁邊延伸的空間。

這就是中年的環境，而我們必須在這環境中讓接下來的人生持續成長。曾在一家大公司的企業行銷組工作的韓必勝，已經連續三次在升遷中落馬，於是他申請了自願退休。

然而這不僅僅是必勝一個人的故事，原本朝著頂點不斷升遷，卻正好在部長級停了下來，感覺沒辦法再繼續往上爬，會遇見第一面牆的時期，剛好是四十歲中期。

在那個階段所感受到的失落非常劇烈，彷彿會從根本動搖一個人的人生。而同一時期，也會開始害怕被後輩贏過，甚至爬到自己頭上，兩種情緒同時一擁而上。

現在對必勝而言，最需要的是什麼呢？是能夠繼續升遷的機會？還是作為一個已經爬得夠高的上班族，現在該為將來做好打算的心？

都不是。

答案是為了目前為止習得而早已熟悉的基準，準備好能作為人生指標的其他新基準。如果可以準備好這些「新基準」，花時間研究「未來應該如何成長」的話，退休所帶來的傷口就不會太深。

四十之後的成長，就該從這個地方出發才對。

給自己時間思考一下今天所做的決定

很多人以為成長等於自我開發，或者是讀ＭＢＡ等等「獲得成就的活動」。但廣義來看，「為了得到成果，必須做出不道德的決定嗎？」是一種成長的煩惱，「不是現在的話，好像就沒有機會了，但不知道太太想不想要創業」也是一種關於成長的煩惱。

說得再具體一點，如果說二、三十歲的成長是一種「垂直、單向學習」的狹隘概念，那四十歲的成長就是「從高度變成深度，從深度變成廣度」的概念，也就是說，可以全方位延伸，是一種對選擇的思辨。

我們試著把這個概念用圖像化來思考，要表現出垂直「高度」，會讓人聯想到地上長著一棵樹的畫面，另一方面「從高度變成深度」就會想到不只地上，根系也一起鑽入地底的畫面。因為迎接了「下面」的世界，樹的長度瞬間倍增。

再來，試著把「從深度變成廣度」也用圖像化思考看看。要從垂直變成橫向，在轉換的過程中自然會製造出面積。四十歲的成長就該像這樣，增加活動的幅度，在變寬的地上種下長了根而結實壘壘的大樹。

當然這個過程不會很輕鬆，朝著目標往上爬的「高度的成長」，必須經歷競爭、默許荒謬又不合理的事物，有時甚至還必須參與其中。然而增加活動幅度的「寬度的成長」，或者進行人文學思考的「深度的成長」，也並非就很簡單。

要讓這些變得可能，身邊的人也要一起幫忙。但身為應該好好打拚賺錢的四十幾歲，如果告訴家人「因為想過步調很慢、可以好好思考的人生，所以要辭職」的話，應該會馬上遭到反對。

只不過話說回來，這裡面還有一個讓人壓力最大的狀況，那就是即使做出不道德的選擇，也必須守著現在位置的情況。

「為了自己出人頭地，應該做出不道德的選擇嗎？」這個問題的答案，就各自咀嚼自己到目前為止的人生態度來決定吧。

覺得應該睜一隻眼閉一隻眼的人，寧可那樣做也要往上爬；完全無法忍受不公不義的人，即便得比別人活在更低的地方，也會選擇死守信念。

我這不是在分辨何謂善惡，一個人的選擇可以就這麼簡單被善或惡一分為二嗎？搶走後輩的功勞，透過爆料競爭企業的事情得到好處，就對方而言自然是惡，但對自己的組員或家人來說，便是善了。

社會這個地方，是善與惡交錯的空間，必須在其中生存的我們背負了善的角色，也背負了惡的角色。否定這點，然後說「一定要當個好人」，在某種層面上是件很無能的事。

在此，我想再加入一個建議，除了競爭者、家人、公司之外，希望還要花時間好好思考，自己的選擇會對「我」這個個體造成什麼影響，還有是否會和自己的信念相互衝突。

無論是道德的選擇，或是不道德的選擇，如果沒有把自己放在中心思考，那就是惡。從現在開始，你一定要好好思考「自己的選擇」究竟會對人生造成什麼影響。如此一來，才能避免犯下只往前看，卻不顧身旁或背後的失誤。

你所選的「方向總和」，決定了你的人生

那些曾經站上高位、幾乎眾所皆知的有名人士，其中有很多人退休之後意外地變得很憔悴。財富、權勢都享受過了，子女也發展得不錯，為什麼沒辦法活得意氣風發呢？

一切都只是因為他們成長的方向是垂直的，如果只在享有閃閃發光頭銜的時候，才覺得自己的存在有意義，就沒有辦法抓住從別處得來的樂趣和意義了。從垂直的角度來看，或許這個人是一百分，但從水平方向看的話，他的成長卻停在零分的位置。把這兩項取個平均值，結果也才五十分而已。

其實不管什麼事情，都只能站上一次頂點。那就是頂點的魅力，也是頂點的極限。反而抱持著一顆平穩的心，更能意外地又再次站上頂點。讓自己放下垂直向上的慾望，不僅能確保足夠的心靈空間，也能讓至今沒有發現的種子悄悄發芽。

現在這個人的頂點，或瞬間的光陰，對「人生的結局」來說其實不具太大的意

義。反而最重要的是，一個人格在人生中究竟選擇了什麼、又反覆選擇了多少次，讓「什麼樣的選擇變得最厚」而已。

HEART
心|視野 心視野系列048

擁抱年齡焦慮：
不安，其實是推動自己成長的力量
이제 나를 안아줘야 할 시간

作　　者 韓星姬
譯　　者 徐小為
總 編 輯 何玉美
主　　編 王郁渝
編　　輯 簡孟羽
封面設計 張天薪
內文版型 王信中

出版發行 采實文化事業股份有限公司
行銷企劃 陳佩宜．黃于庭．馮羿勳．蔡雨庭
業務發行 張世明．林踏欣．林坤蓉．王貞玉
印務採購 曾玉霞
會計行政 王雅蕙．李韶婉
法律顧問 第一國際法律事務所　余淑杏律師
電子信箱 acme@acmebook.com.tw
采實官網 www.acmebook.com.tw
采實臉書 www.facebook.com/acmebook01

I S B N 978-986-507-006-9
定　　價 320元
初版一刷 2019年5月
劃撥帳號 50148859
劃撥戶名 采實文化事業股份有限公司
104臺北市中山區南京東路二段95號9樓
電話：(02)2511-9798
傳真：(02)2571-3298

國家圖書館出版品預行編目資料

擁抱年齡焦慮：不安，其實是推動自己成長的力量／韓星姬作；徐小為譯.
-- 初版. -- 臺北市：采實文化, 2019.05
面；　公分. -- (心視野系列；48)
ISBN 978-986-507-006-9(平裝)

1.成功法 2.生活指導

177.2　　108005291

采實出版集團
ACME PUBLISHING GROUP

HEART

心｜視野

HEART

心 | 視野